Edita: Planeta DeAgostini, S.A.
Realización editorial: (sic) idea y creación editorial, s.l.
Diseño: El taller interactivo, s.l.

Producción fotográfica de las recetas: Gastromedia, S.L.
(www.gastromedia.es)
Fotógrafos: Christian Martínez Kempin y Pablo G. Sarompas
para Gastrofotos (www.gastrofotos.com)
Agradecimientos: Restaurante El Fogón de Zein, Restaurante
Urrechu, Porcelanas Bidasoa.

c/o Guillermo Schavelzon & Asoc., Agencia Literaria
e-mail: info@schavelzon.com

ISBN: 84-674-0948-7
Déposito legal: NA-2138-2004

Imprime: Gráficas Estella
Impreso en España

Cocinar con

INÉS Y SIMONE ORTEGA

Asados y gratinados

Presentación

En este volumen le mostraremos las técnicas del asado y del gratinado con unas recetas sabrosas y fáciles. El asado es una forma de cocción por concentración que se utiliza para cocinar todo tipo de alimentos. Sometiendo los diversos ingredientes a la cocción del calor conseguimos facilitar su digestión.

El asado de una pieza puede llevarse a cabo según diferentes técnicas. Se puede asar en el horno, a la parrilla o en asadores eléctricos, y sea cual sea el método que se elija, es muy importante que el horno esté bien caliente.

Durante el asado es conveniente regar la pieza de vez en cuando con su propio jugo o con otros caldos, incluido el vino. Sin embargo, no es aconsejable regar el asado con agua, ya que podría endurecerse.

Si la pieza que se va a asar es de carne, hay que recordar que no debe salarse hasta el final. Para saber si un ave está a punto, existen diferentes criterios según el tipo de ave de que se trate. Si es pollo, habrá que observar el jugo que sale del ave cuando pinchemos en la parte más gruesa de la pieza: tendrá que ser transparente. El pato y otras aves, como el palomo, pueden servirse un poco menos hechas y con la carne rosada.

Buena parte del éxito de un buen asado de carne reside, insistimos, en que el horno esté bien caliente al principio de la cocción. Luego, cuando la carne haya empezado a dorarse, será el momento de bajar la temperatura. Y no hay que olvidarse de sacar de la nevera la pieza que vaya a asar con unos veinte minutos de antelación, para que adquiera la temperatura ambiente.

El gratinado es una forma de preparar alimentos cubriendo su superficie con una capa de queso o pan rallado, bechamel o cualquier otro tipo de salsa. Gracias a la acción del fuego directo bajo el grill, estas capas se doran y forman una costra que confiere un aspecto muy apetecible al alimento.

Esperamos que disfrute cocinado nuestras recetas, y que las mejore con su toque personal.

Sumario

VINO BLANCO Blancos ligeros y frescos para marisco y pescados poco condimentados. Espumosos y ligeros para aperitivos. Con cuerpo, para pescados con salsa. Aromáticos con cuerpo para cremas espesas. Blancos fermentados para ahumados y carnes blancas. Ligeros y aromáticos para quesos frescos y suaves. Secos, para pastas con pescado.

VINO ROSADO Caldos ideales para comidas especiadas o picantes. Ligeros para aperitivos. Rosados con estructura para charcutería y arroces con pescado.

VINO TINTO Tintos aromáticos no muy corpulentos para carnes blancas y arroces con carne. Con cuerpo y estructurados para carnes rojas. Muy corpulentos para asados, potentes para carnes estofadas, con mucho cuerpo para caza de pelo y quesos secos. Estructurados y consistentes para quesos azules. Tintos ligeros para platos especiados.

Técnicas culinarias

Los secretos de las carnes asadas

Lo primero es tener en cuenta qué tipo de carne hemos comprado: una pieza de primera calidad se asará en horno caliente (termostato 7 u 8), una pieza de segunda se hará durante más tiempo y en un horno temperatura media (termostato 4 ó 5). Se ase con brocheta, al grill o en fuente, siempre convendrá rociar regularmente el asado con el jugo de su cocción.

¿CUÁLES SON LOS TIEMPOS DE COCCIÓN IDEALES PARA CADA CASO?

1 **Para la ternera:** Cocción tradicional: 25 minutos por kilo con horno a 200°C durante 20 minutos y posterior disminución a 170°C. Cocción a baja temperatura: horno a 150°C y 15 minutos suplementarios.

2 **Para las aves:** Cocción tradicional: 30 minutos por kilo con horno a 230°C durante media hora y posterior disminución a 170°C. Cocción a baja temperatura: horno a 170°C con 15 minutos más de cocción. Si parte de un horno en frío, enciéndalo a 230°C y deje cocer el ave hasta que esté dorada. Baje el horno a 170°C al final de la cocción y hornee 25 minutos más.

3 **Para el cerdo:** Cocción tradicional: 30 minutos por kilo con horno a 200°C durante 20 minutos para un asado y posterior disminución a 170°C. Cocción a baja temperatura: termostato a 170°C y 20 minutos suplementarios. Si parte de un horno frío, enciéndalo a 230°C y déjelo hasta que esté dorada; luego el horno a 170°C y hornee 30 minutos más.

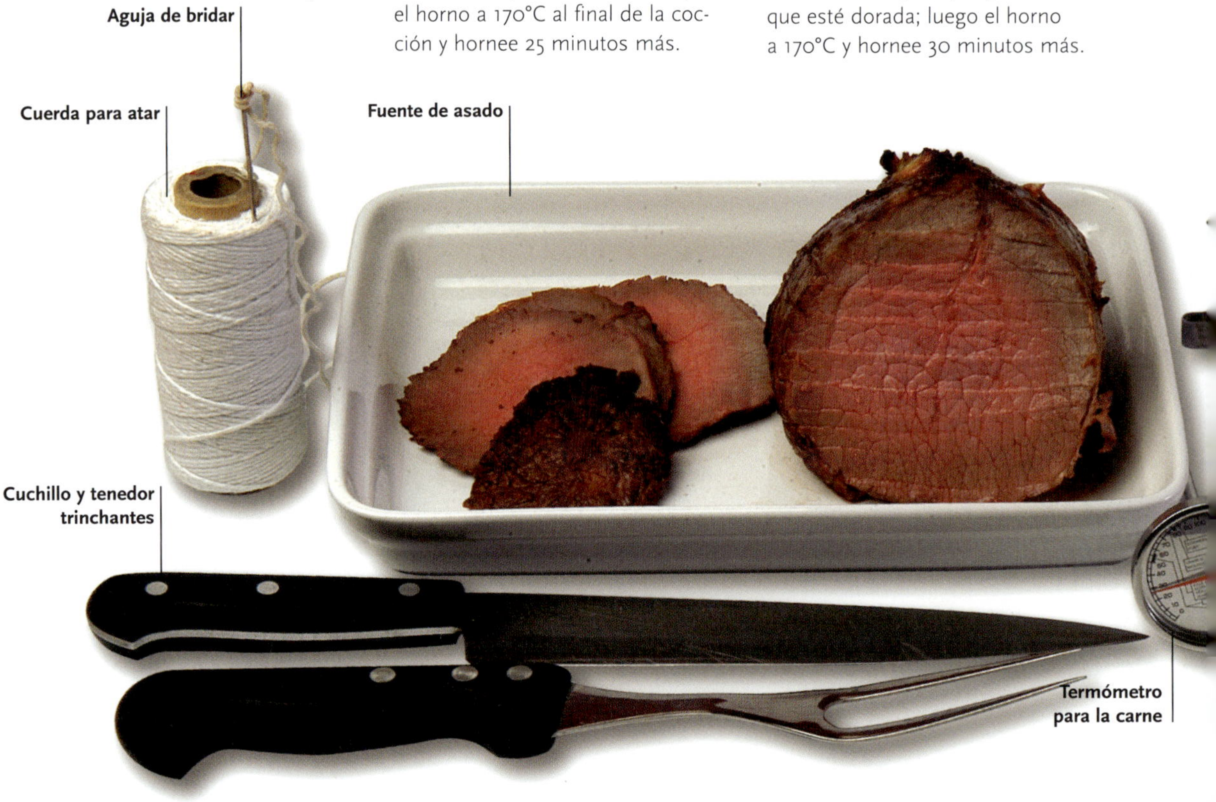

ASADOS SIN GRASA, UNIFORMES Y DORADOS

Cuando ase un pedazo de carne con grasa, puede espolvorearlo con mostaza tipo inglés de la que venden en polvo: así neutralizará la grasa, además de darle un rico sabor a la carne.

Para que la carne se ase toda por igual, no la deje en contacto directo con el fondo de la fuente. En su lugar, póngala sobre una rejilla (se venden unas especiales para ello). No olvide que sólo deberá añadirle sal después de la cocción, para evitar que se forme una especie de vapor en su superficie que impediría que quedase bien dorada.

LAS CARNES, BIEN REPOSADAS

- Es útil que el asado repose por varias razones. En una carne roja, el líquido se repartirá regularmente por toda la carne y ésta adquirirá un color rosado. Las carnes blancas y las aves resultarán más blandas y serán más fáciles de cortar.
- Para dejar reposar el asado, retire el plato del horno y cubra a continuación la carne con varias capas de papel de aluminio. Luego introdúzcala de nuevo en el horno apagado y con la puerta abierta durante 10 minutos.

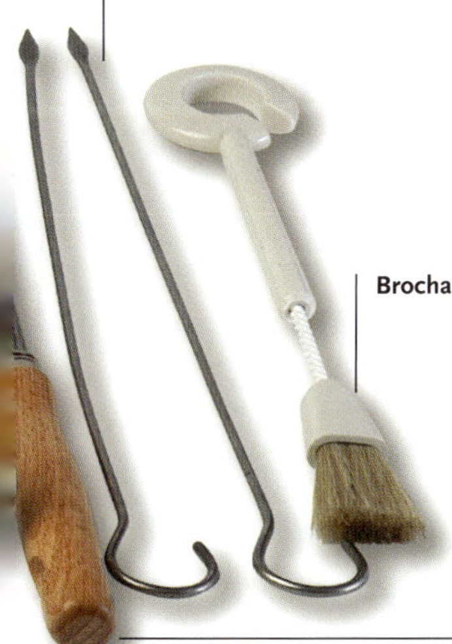

GRILL, BROCHA Y HORNO

Cada estilo de asado ofrece un resultado diferente: el grill es útil para cocciones rápidas, como brochetas; la brocha es perfecta para aves que se dorarán de forma regular (la grasa cae y hace que la carne resulte más ligera), el horno conviene a todo tipo de carnes.

PREPARAR LA CARNE

Antes de meterlas en el horno, todas las carnes deben estar al menos 1 hora a temperatura ambiente. Luego úntelas con muy poco aceite aderezado con sal y pimienta (salvo para carnes de vaca, ya que en este caso hace salir la sangre y reseca la pieza). Es inútil poner demasiado aceite. Póngala sobre la fuente de horno y deje reposar 1 hora.

DESARROLLO DE LA COCCIÓN

Cualquiera que sea el modo de cocción elegido, recuerde que debe dar la vuelta a la pieza varias veces, y mejor con ayuda de dos cucharas, para no pincharla y evitar que se escape el jugo. El buey o el cordero no necesitan ser regados, pero las aves, la ternera y el cerdo resultarán mucho mejor si las va regando con el jugo de la cocción. Añada de vez en cuando unas cucharadas de agua caliente en el fondo del plato para evitar que se carbonice el jugo.

¿CUÁNDO ESTÁ EN SU PUNTO?

Lo más útil es emplear un termómetro de carne, que pinchará en el centro de la misma lejos de todo hueso. Para una pieza de buey o vaca, 60°C querrá decir que está poco hecha, 70°C a punto y 75°C bien hecha. En cuanto a las carnes blancas, deberán alcanzar los 75°C. ¿No tiene termómetro? Pues calcule el tiempo de cocción con relación al peso. Las carnes blancas y las aves podrá pincharlas al final con una brocheta. Si el líquido sale limpio, estará en su punto.

¿Cómo trinchar y rellenar un pollo?

TRINCHAR EL POLLO CRUDO

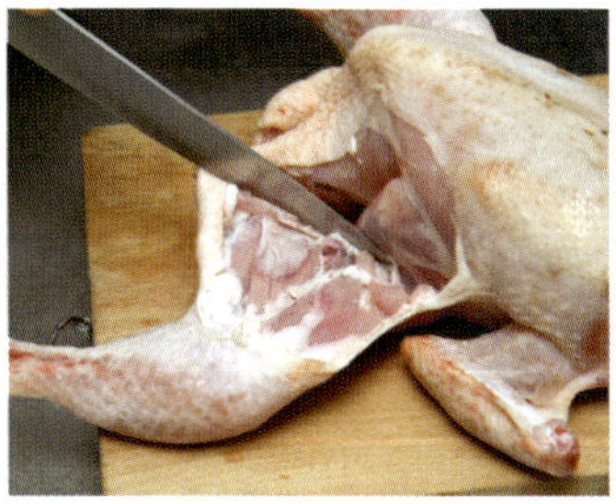

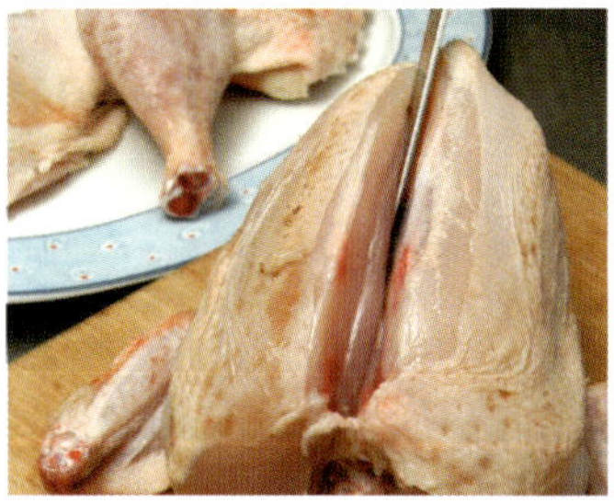

1 Para trinchar un ave en crudo, lo más fácil es ponerla sobre una tabla de madera de las de trinchar la carne y, a continuación, proceder a trincharla con un cuchillo grande de cocina, que deberá estar bien afilado.

2 Coloque el pollo asentado sobre su parte más plana, busque la articulación y meta el cuchillo entre el muslo y el cuerpo. Agarrando el muslo, desencaje la articulación. Corte la piel y luego parta esta pieza en dos. Corte también en dos el alón, introduciendo el cuchillo en la articulación.

3 Tras separar el alón, separe la pechuga cortándola por la base de las costillas. Tire de la caja torácica con la mano. Corte por la mitad la parte de la espalda cortándolo perpendicularmente a la columna. Por último, corte la pechuga en dos, a lo largo y de forma perpendicular al hueso.

LAS FARSAS O RELLENOS

Farsas y rellenos forman parte de nuestra cocina tradicional desde la Antigüedad. Pueden estar compuestas por alimentos crudos o cocidos, picados más o menos finamente, y elaborarse a base de diversas carnes, verduras o pescados para rellenar carnes, aves, terrinas o pasteles. Se sazonan y se les añaden condimentos, plantas aromáticas o alcohol. Los alimentos que sirven para ligarlas suelen ser huevos, miga de pan o harina. Como ejemplo, una farsa de carne cruda se hace con mitad cerdo, mitad ave o ternera, y a esto se añade huevo crudo para que ligue, algo de zumo de limón, para unir y, para sazonar vino, sal y especias. Las farsas sirven para rellenar aves, carnes, pero también como elementos de base para elaborar patés, galantitas y terrinas.

CONDICIONES PARA HACERLAS CON ÉXITO

- El primer requisito es que los ingredientes sean extremadamente frescos.
- Si va a entrar en su composición carne, está deberá estar limpia y sin nervios.
- Habrá que respetar las proporciones de las carnes para el perfecto equilibrio de la farsa.
- Los ingredientes deberán pesarse con exactitud y deberán estar bien frías antes de empezar a trabajar con ellas.
- No caliente nunca la farsa en el robot.
- El picado de los productos debe hacerse en perfectas condiciones de higiene, habrá que conservarlas en la nevera y utilizarlas lo mas rápidamente posible.
- Lave y desinfecte los cuchillos y cualquier accesorio utilizado antes y después de su utilización.

UN EJEMPLO DE FARSA PARA RELLENAR AVES PEQUEÑAS

- Pele y pique una cebolla, pique unas hojas de salvia, corte en pequeños dados un poco de beicon, quite la costra a la miga de pan, corte la miga también en dados, y luego tamícelos.
- Ponga el beicon a rehogar en aceite, añada la cebolla picada y después la miga de pan, sazone con sal y pimienta recién molida, agregue la salvia y, si lo desea, un poco de tomillo: la farsa ya está lista para ser introducida en las aves.

TRINCHAR EL POLLO ASADO

1 Si va a trinchar el pollo una vez asado, necesitará una tabla de madera, un cuchillo de cocinero y una fuente, previamente calentada, en la que irá colocando los trozos de pollo.

2 Para separar los muslos, coloque el pollo en el centro de la tabla y pínchelo con el tenedor trinchante, de modo que quede bien sujeto. Corte entonces al nivel de la articulación. Después será el turno de las alas: pase el cuchillo por donde se encuentra la articulación de la espalda.

3 Tras las alas, separe la pechuga del caparazón trinchando a lo largo del hueso que sobresale y partiendo la pechuga en dos. Deslice la hoja del cuchillo bajo la pechuga para separarla del caparazón. Si desea partir los muslos en dos, corte también por la articulación.

ALGUNOS CONSEJOS

Lo mejor es picar el relleno con cuchillo, aunque utilizar la picadora resulta más rápido y sencillo.

Prepare la farsa la víspera, para que repose y así sus ingredientes puedan comunicarse unos a otros su aroma.

Sazone algo más de lo debido, sobre todo si la farsa va a ser para un paté, terrina o plato que vaya a servirse en frío, ya que en este caso perderá un 25% de su aroma.

Es conveniente que las cocciones sean lentas.

Para 1 kg de farsa recomendamos añadir 20 g de sal, 5 g de pimienta y un pellizco de especias.

Si piensa incorporar *foie* a un relleno, añada azúcar en polvo para evitar que se ennegrezca.

Entrantes

Canapés de paté de salmón

Tiempo de preparación: 2 horas
Para 6 personas

750 g de salmón fresco	4 huevos grandes
100 g de salmón ahumado	1 hoja de laurel
150 g de miga de pan (mejor del día anterior)	1 cebolla pequeña (50 g)
40 cl de leche hirviendo	2 cucharadas de vino blanco
2 cucharadas de salsa de tomate muy espesa	Nuez moscada rallada
50 g de mantequilla	Pan de molde en rebanadas

1 Ponga en una ensaladera la miga de pan en trozos grandes y mójela con la leche hirviendo. Deje la miga en remojo, para que empape toda la leche.

2 Ponga en una cacerola el pescado lavado y sin piel ni espinas. Cúbralo con agua fría y añádale un par de cucharadas de vino blanco, la cebolla pelada y partida en dos, la hoja de laurel y la sal. Póngalo a cocer.

3 Cuando empiece a hervir, retire la cacerola del fuego. Cuando el agua esté templada, saque el pescado, quítele la piel y desmenúcelo muy bien, retirando las espinas que pudiesen quedar. Pique en la picadora el salmón ahumado.

4 En una ensaladera amplia, ponga el pescado desmenuzado, el salmón picado, la miga de pan empapada, la mitad de la mantequilla, la salsa de tomate, un poco de nuez moscada rallada, las yemas de huevo y la sal, y mézclelo todo muy bien.

5 Encienda el horno a temperatura media.

6 Monte las claras, con un pellizco de sal, a punto de nieve firme y agréguelas a la mezcla anterior.

7 Ponga papel de aluminio en el fondo del molde y úntelo con el resto de la mantequilla. Vierta todo en el molde y ponga éste al baño María con agua que cubra bastante, y con las cáscaras de los huevos flotando sobre el agua, para que no salpique al cocer.

8 Cueza el pastel de una a dos horas (para saberlo, al cabo de una hora, pínchelo con un alambre: si sale limpio, ya está cocido). Saque el molde del agua y deje que se enfríe. Cúbralo con papel de aluminio y póngale algo de peso encima (por ejemplo, unas latas de bebida) para que quede compacto.

9 Unte las rebanadas de pan de molde cortadas en cuatro con mayonesa y, encima, ponga un trozo de paté que no rebase el pan de molde.

Canapés de Camembert y tomate

Tiempo de preparación: 25 minutos
Para 4 canapés

4 rebanadas de pan de molde
1 queso Camembert (sin la corteza blanca)
2 tomates
2 lonchas de beicon

- Corte las rebanadas en cuatro y coloque sobre cada una de ellas un trozo de Camembert, luego media rodaja de tomate, cortada fina, y por último una cuarta parte de una loncha de beicon.
- Introdúzcalo en el horno, previamente calentado, unos 15 minutos, hasta que el queso esté blando y el beicon, bien crujiente.
- Sirva los canapés calientes.

Canapés de pavo al horno

Tiempo de preparación: 25 minutos
Para 4 personas

250 g de pavo asado
Aceite
1 cebolla mediana
1 lata pequeña de granos de maíz
1 cucharada de tomate frito al aceite de oliva
1 cucharada de harina
3 dl de leche
4 rebanadas de pan de molde
50 g de Gruyère rallado
Sal

- En una sartén antiadherente, ponga un poco de aceite para cubrir el fondo y, cuando esté caliente, incorpore la cebolla pelada y picada menudita, dejándola hasta que esté transparente.
- Añada entonces el pavo picado, sin piel, y eche también el contenido de la lata de maíz una vez bien escurrida.
- Espolvoree con harina y vierta la leche y la salsa de tomate. Sazone a su gusto y remueva todo con ayuda de una cuchara de madera.
- Tueste ligeramente las rebanadas de pan y reparta sobre ellas la mezcla anterior.
- Espolvoréelas con el queso rallado y póngalas al horno a gratinar.
- Cuando estén gratinados, sáquelos, córtelos en cuadrado o en triángulos y sírvalos bien calientes.

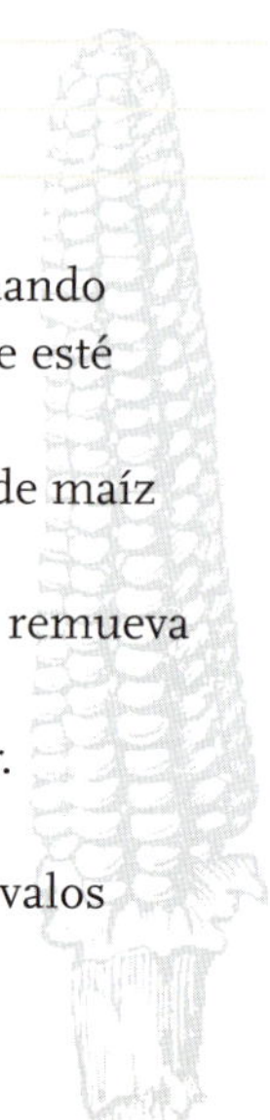

Hojaldres con mejillones y puerros

Tiempo de preparación: 30 minutos
Para 8 hojaldres

2 kg de mejillones
Masa de hojaldre fina congelada
250 g de puerros
80 g de champiñones
2 cucharadas de perejil picado
2 cucharadas de cebollino picado
4 cucharadas de nata líquida
1 cucharadita de fécula de patata
2 pellizcos de curry
50 g de mantequilla o margarina

1. Encienda el horno (170°C). Forme ocho rectángulos de masa de hojaldre y colóquelos sobre la bandeja del horno, ligeramente untada con mantequilla, o mejor sobre una bandeja de pastelería antiadherente. Déjelos en el horno 3 minutos.

2. Mientras, prepare los mejillones quitándoles las barbas y lavándolos, y póngalos en una sartén a fuego vivo para que se abran. Quíteles las conchas y resérvelos.

3. Lave los champiñones, quíteles los pedúnculos y corte el resto en láminas. Lave también los puerros después de haberles quitado las raíces y las partes más verdes, y córtelos en tiritas como para juliana.

4. En un cuenco, ponga la nata líquida y disuelva en ella la fécula y el curry. En una sartén antiadherente, deshaga la mantequilla, eche los champiñones y saltéelos un par de minutos, añada luego los puerros, el perejil y el cebollino.

5. Cuézalo 3 minutos removiendo sin parar, al tiempo que va echando el jugo de los mejillones, pasado antes por un colador metálico con una gasa en el fondo.

6. Añada la nata mezclada con la fécula y el curry, mezcle todo y deje que cueza hasta que haya espesado un poco y tenga una consistencia cremosa. Incorpore entonces los mejillones y retírelo del fuego.

7. Ponga un rectángulo de hojaldre sobre cada plato, cúbralo con un poco de la farsa cocinada y tápelo con otro rectángulo de hojaldre. Sírvalo en seguida.

Hojaldres de queso

Tiempo de preparación: 30 minutos
Para 6 pasteles grandes o 12 hojaldres de aperitivo

1 plancha de hojaldre congelado (250 kg)
6 lonchas de queso de sándwich (que se derrita fácilmente)
2 cucharadas de queso rallado
20 g de mantequilla

- Saque el hojaldre del congelador al menos 1 hora antes de emplear, o según el tiempo que indique en el sobre.
- Enharine ligeramente la masa y estire la plancha con el rodillo pastelero, de manera que quede bastante fina (unos 3 mm).
- Corte la masa con la ayuda del filo de un vaso de los de agua, si desea unos pasteles grandecitos, o bien con el filo de un vaso de los de vino, más indicados para los hojaldres de aperitivo.
- Para cada pastel, corte tres redondeles. Coloque en el centro del primero media loncha de queso doblada en dos, cubra con el segundo redondel y ponga otra media loncha de queso doblada. Tape con el tercer redondel y espolvoree con queso rallado.
- Coloque finalmente una viruta de mantequilla encima de cada hojaldre y póngalos a cocer en el horno a temperatura media.
- Cuando hayan subido los hojaldres y estén bien dorados, sáquelos y sírvalos calientes.

Tostadas de queso

Tiempo de preparación: 15 minutos
Para 4 tostadas

4 rebanadas de pan
200 g de queso tipo Gouda o Chester
4 cucharadas de cerveza
1 cucharadita de mostaza

- Tueste las rebanadas de pan y resérvelas al calor.
- En una cacerola, ponga la cerveza a calentar, añada el queso cortado en trozos y remueva hasta obtener una pasta lisa. Incorpore entonces la mostaza y vuelva a mezclar.
- Cubra con esta mezcla las tostadas y llévelas en el horno a gratinar. Sáquelas cuando estén bien doraditas.
- Puede servirlas como aperitivo, en cuyo caso convendrá partirlas en trozos más pequeños, o como entrante, acompañadas de una ensalada.

Magdalenas de queso y salchichón

Tiempo de preparación: 1 hora
Para 24 magdalenas

2 huevos
50 g de mantequilla
4 cucharadas de queso rallado
3 cucharadas colmadas de harina
1 cucharadita de levadura Royal
100 g de salchichón

- Coloque los huevos en un cuenco y bátalos con un tenedor. Aparte, derrita en un cazo la mantequilla, con cuidado de que no cueza, e incorpórela a los huevos.
- Añada en seguida el queso, la harina, la levadura y el salchichón, bastante picadito.
- Con esta masa, que debe quedar más bien blanda, rellene los moldes de magdalenas, que pueden ser de papel o de metal.
- Llévelos a horno suave, primero, y a los 15 minutos ponga una temperatura más fuerte. Hornee durante 30 minutos, aproximadamente, hasta que empiecen a dorarse.
- Saque las magdalenas del horno y quíteles los moldes. Sírvalas recién hechas y, si puede ser, un poco calientes.

Galletas de queso Ementhal

Tiempo de preparación: 45 minutos
Para unas 30 galletas

250 g de harina
(un poco más para espolvorear la mesa)
200 g de mantequilla, que esté blanda
200 g de patata hecha puré,
pero sin leche ni mantequilla
1 huevo
200 g de Ementhal rallado
Cominos (un pellizco)
Sal (si hiciese falta)
Aceite (un poco para la chapa)

- En una ensaladera, ponga todos los ingredientes, con el huevo batido como para tortilla. Reserve unos 50 g de queso para espolvorear las galletas.
- Una vez unida toda la masa, vuélquela en la mesa, espolvoreándola con harina. Con cuidado, estire la masa con el rodillo pastelero, dejándola con unos 5 mm de grosor.
- Córtela en redondeles con un vaso y espolvoree ligeramente con un poco de queso rallado.
- Coloque las galletas en la chapa de horno, ligeramente untada con aceite, e introduzca ésta en el horno, previamente calentado y a temperatura moderada.
- Pasados unos 15 minutos, retire del horno y sirva las galletas templadas.

Panecitos de espárragos

Tiempo de preparación: 25 minutos
Para 6 personas

6 rebanadas de pan de molde
Mantequilla, margarina o aceite
1 lata de yemas de espárrago
Queso rallado

1 Retire los bordes al pan de molde y rehogue las rebanadas en un poco de mantequilla o de aceite.

2 Coloque sobre cada rebanada unas puntas de espárragos, de forma que no sobresalgan del pan.

3 Espolvoréelas con una capa gruesa de queso rallado y disponga sobre el queso una nuez de mantequilla.

4 Llévelas al horno a temperatura alta y hornee hasta que el queso se haya derretido.

5 Sírvalas en seguida, bien calientes.

Inés y Simone le aconsejan:

Puede tostar el pan de molde en la tostadora, así resultará menos calórico. Si no tiene queso rallado a mano, sustitúyalo por tranchetes de queso para derretir, o por salsa mayonesa espesa, que igualmente gratinará en el horno hasta que empiece a tomar color. Quedan muy ricos asimismo envolviendo el espárrago con una tira de salmón ahumado.

Palitos de queso al horno

Tiempo de preparación: 30 minutos
Para unos 20 palitos

100 g de mantequilla
100 g de queso rallado
Pan rallado
80 g de harina
3 cucharadas de sal

1 Ponga la mantequilla en un cazo y derrítala a fuego lento, sin que cueza. Retire del fuego y añada la harina y después el queso rallado. Si hiciese falta, rectifique de sal.

2 Forme unos palitos del grosor y del largo de un dedo meñique, páselos por el pan rallado y colóquelos en una chapa de horno, que introducirá en un horno a temperatura media.

3 Cuando los palitos estén bien dorados, sáquelos con un cuchillo, con cuidado, pues son frágiles, y déjelos enfriar antes de servir.

Inés y Simone le aconsejan:

Antes de introducirlos en el horno, puede espolvorear los palitos con un pellizco de orégano o tomillo. Si desea darles un toque diferente, puede añadir una cucharada de salsa de tomate a la mezcla de harina, mantequilla y queso. Los palitos se pueden trenzar alrededor de una tira de jamón serrano antes de llevarlos al horno.

Verduras

Berenjenas rellenas con carne

Tiempo de preparación: 1 hora
Para 6 personas

- 6 berenjenas medianas
- 200 g de carne picada (o un resto de carne)
- 4 cucharadas rasas de pan rallado
- 2 dientes de ajo
- 1 cucharada de perejil picado
- 1 huevo
- 1 y 1/2 cucharadas de aceite
- Sal

- Lave las berenjenas sin pelarlas y pártalas en dos a lo largo. Póngalas en una fuente de horno, salándolas ligeramente, dándoles un par de tajos profundos y rociándolas con media cucharada de aceite.
- Cuando estén blandas, sáquelas, vacíelas cuidadosamente con una cucharadita y pique toda la carne de las berenjenas.
- Coloque en una ensaladera la carne, el huevo batido como para tortilla, dos cucharadas de pan rallado, el ajo muy picado, el perejil y sal. Mézclelo todo y vuelva a rellenar con ello las berenjenas, que colocará así preparadas en la fuente de horno, espolvoreadas con el resto de pan rallado y rociadas con una cucharada de aceite.
- Llévelas al horno a temperatura media durante 45 minutos y póngalas luego a gratinar otros 10 minutos. Sírvalas en la misma fuente.

Berenjenas rellenas al horno

Tiempo de preparación: 30 minutos
Para 6 personas

- 6 berenjenas grandes (1,5 kg)
- 3 huevos duros
- 3 cucharadas de perejil picado
- 3 dientes de ajo
- 6 cucharadas de aceite
- 12 cucharadas de salsa de tomate
- 4 cucharadas de pan rallado
- Margarina (unos 40 g)
- Sal

- Corte las berenjenas en dos a lo largo y cuézalas en agua con sal. Pasados unos 12 minutos, sáquelas, déjelas templar y escúrralas.
- Con cuidado de no romper la cáscara, vacíelas con una cucharita y ponga la pulpa en un cuenco. Pique bien la pulpa y mézclela en aceite con los huevos duros —picados no muy menudos—, el ajo y el perejil.
- Rellene las medias berenjenas y colóquelas en la fuente de horno, cuyo fondo habrá cubierto con un poco de aceite. Cubra cada media berenjena con la salsa de tomate, espolvoréelas con un poco de pan rallado y añada sobre cada berenjena unas virutas de margarina.
- Introdúzcalas en el horno, previamente calentado, y al cabo de 5 minutos, póngalas a gratinar hasta que se doren por la parte superior. Sirva en la misma fuente de horno.

Gratén de brécol con nata y queso

Tiempo de preparación: 45 minutos
Para 4 personas

1 kg de brécol	3/4 l de nata fría
2 cucharadas de harina	1 cucharada de concentrado de tomate
50 g de mantequilla	60 g de queso Gruyère rallado
2 cucharadas de aceite	Sal

- Lave el brécol, sepárelo en ramilletes pequeños y échelo en agua hirviendo salada, para que cueza suavemente durante unos 10 minutos. Escúrralo.
- En una sartén, ponga la mantequilla a calentar junto con el aceite y, una vez que se haya derretido, añada la harina. Déle unas vueltas con una cuchara de madera y añada la nata sin dejar de remover, para que no se formen grumos. Cuando se haya incorporado toda, añada la cucharada de tomate y deje cocer a fuego suave unos 8 minutos.
- En una fuente de horno untada con mantequilla, coloque el brécol y cúbralo con la salsa. Espolvoree con queso rallado y póngalo a gratinar.
- Retire del horno cuando la superficie esté bien dorada y sirva en seguida.

Brécol al jerez

Tiempo de preparación: 35 minutos
Para 4 personas

1 kg de brécol	40 g de mantequilla
4 yemas de huevo	Nuez moscada
4 cucharadas de jerez seco	Sal y pimienta

- Quite las hojas de brécol y separe los ramilletes. Pele el tronco y corte un buen trozo, que podrá cortar en dados y congelar para usarlos en un potaje. En un recipiente con agua salada, eche los ramitos de brécol y deje que cuezan unos 6 minutos. Reserve al calor.
- Con unas varillas, bata las yemas de huevo al baño María con el jerez y cuatro cucharadas del agua de cocer el brécol.
- Cuando estén esponjosas, salpimiente a su gusto, retire la salsa del fuego y añada finalmente la mantequilla en parcelas.
- Sazone los ramilletes de brécol con sal, pimienta y nuez moscada, y rocíelos con la salsa antes de introducirlos en el horno a gratinar.
- Retire del horno justo cuando la salsa empiece a tomar color, y sirva en seguida.

Lechugas rellenas

Tiempo de preparación: 45 minutos
Para 4 personas

4 lechugas pequeñas
250 g de un resto de carne asada
60 g de jamón cocido
1 huevo
2 cucharadas de pan rallado
50 g de beicon en lonchas finas
1 cucharada de mantequilla
20 cl de caldo (puede hacerse con 1/2 pastilla)
Pimienta y sal

1 Lave muy bien las lechugas, pero quitando sólo las hojas exteriores que no estén en buen estado, y corte todo lo que pueda de tronco, con precaución de no desarmar las lechugas.

2 En una cacerola grande, donde las lechugas quepan holgadamente, ponga agua salada a hervir. Cuando llegue al punto de ebullición, coloque las lechugas.

3 Pasados un par de minutos —contados a partir de que vuelva a hervir el agua—, saque las lechugas del agua y escúrralas bien.

4 Pique la carne y el jamón, pique también muy menuda la cebolla pelada y sofríala en un poco de aceite, hasta que quede transparente.

5 Mezcle la carne, la cebolla y el pan rallado con el huevo, sazone y, por último, rellene con esta farsa las lechugas, que habrá que atar con cuerda fina de cocina para que no se abran durante la cocción.

6 Cubra una fuente de horno con las tiras de beicon, coloque sobre ellas las lechugas y reparta por encima la mantequilla en trozos. Antes de llevarlas al horno, rocíelas con un vaso de agua en el que habrá disuelto media pastilla de caldo.

7 Hornee durante una media hora a temperatura media. Sáquelas y sírvalas en seguida.

Inés y Simone le aconsejan:

Para limpiar bien las lechugas lo mejor es introducirlas en agua con vinagre, para extraer toda la tierra y los insectos que pudieran haber. Después, hay que lavarlas con agua abundante y secarlas antes de cocinar.

Patatas al horno con bechamel

Tiempo de preparación: 1 hora
Para 6 personas

1,2 kg de patatas
1 l de leche fría
1 y 1/2 cucharada rasa de harina
1 y 1/2 cucharada de aceite
40 g de mantequilla
1 diente de ajo
1 cucharadita de extracto de carne
75 g de queso Gruyère rallado
Agua
Sal

1 Lave las patatas y póngalas sin pelar en un cazo con agua fría —que las cubra— y sal. Ponga el recipiente a fuego fuerte y, cuando el agua rompa a hervir, baje el fuego para que las patatas cuezan a fuego lento.

2 Pasados unos 25 minutos, contados a partir del momento en que empiecen a cocer (depende de la clase de la patata), saque las patatas del agua, pélelas y córtelas en rebanadas lo más finas posible, sin que se rompan.

3 Unte con un diente de ajo la fuente de cristal o de barro donde vaya a servir las patatas, y ponga en ella la mitad de éstas.

4 Prepare entonces una bechamel. Para ello, ponga en una sartén una cucharada de aceite y la mantequilla, y cuando ésta se derrita, añada la harina, remueva con las varillas y vaya añadiendo el litro de leche fría y la sal (con mesura, pues el queso y el extracto de carne ya salan).

5 Cuando empiece a cocer, déjelo que cueza unos 4 minutos sin cesar de remover y agregue el concentrado de carne.

6 Vierta la mitad de la bechamel sobre las patatas ya preparadas, coloque la mitad del queso rallado y, a continuación, las demás patatas, el resto de la bechamel y, por encima, el resto del queso espolvoreado.

7 Introduzca las patatas así preparadas en el horno previamente calentado y, cuando estén bien doradas (unos 15 minutos), sáquelas y sírvalas en la misma fuente.

Patatas rellenas al queso Roquefort

Tiempo de preparación: 1 hora y 20 minutos
Para 4 personas

8 patatas grandes	2 huevos
30 cl de leche	1 zanahoria pequeña
30 g de mantequilla	1/2 puerro (sólo la parte blanca)
50 g de queso Roquefort	Sal y nuez moscada

- Lave bien las patatas, sin pelarlas. Séquelas y póngalas a asar en el horno.
- Pasados 30 minutos, sáquelas del horno, pártalas en dos y, con ayuda de una cucharilla, retire la pulpa reservando los cuencos de piel casi vacíos. Aplaste bien con ayuda de un tenedor toda la carne de las patatas.
- Raspe la zanahoria y córtela en juliana fina, así como la parte blanca del puerro. Cueza la zanahoria y el puerro en agua salada hirviendo durante unos minutos.
- Mezcle la zanahoria, el puerro, la carne de las patatas, la mantequilla, el queso, la yema de huevo, la nuez moscada rallada, la sal y la leche caliente, de forma que quede un puré bastante espeso.
- Aparte, bata las claras a punto de nieve firme (con un pellizco de sal), incorpórelas suavemente al puré. Rellene con esta mezcla los cuencos de las patatas y llévelas de nuevo al horno para que se gratinen y doren por encima (unos 8 minutos). Sírvalas en seguida.

Patatas rellenas con jamón

Tiempo de preparación: 1 hora y 10 minutos
Para 6 personas

6 patatas grandes y bien redondas	75 g de mantequilla
200 g de jamón serrano (una punta)	Sal

- Lave bien las patatas, séquelas con un paño y póngalas a asar a horno medio.
- Cuando estén blandas (aproximadamente 60 minutos), pártalas por la mitad a lo ancho y, con una cucharita, vacíelas con cuidado de no estropear la piel, sale el interior y añada finalmente un poco de mantequilla.
- Aplaste bien la carne de la patata con ayuda de un tenedor y mézclela con el jamón bien picadito. Rellene con esta mezcla las medias patatas, coloque sobre ellas otra nuez de mantequilla y póngalas de nuevo en el horno.
- Transcurridos unos 10 minutos, sáquelas y sírvalas en seguida.

Puerros gratinados

Tiempo de preparación: 40 minutos
Para 6 personas

4 puerros
3 huevos
1/2 l de leche
2 cucharaditas de maicena
150 g de beicon
150 g de queso Gruyère rallado
Pimienta
Sal

1 Prepare los puerros quitando las partes más verdes y las raíces, y córtelos en trozos de unos 2 cm.

2 Póngalos a cocer en agua hirviendo con sal y, pasados unos 30 minutos —contados a partir de que el agua empiece a hervir—, sáquelos del agua y escúrralos bien.

3 Bata dos huevos y mézclelos con la leche, añada dos cucharadas de café de maicena, sal y pimienta.

4 Incorpore a esta mezcla 150 g de beicon picado, así como el queso rallado y los puerros.

5 Mezcle todo bien y póngalo en una fuente honda y previamente untada de mantequilla. Deje hornear unos 20 minutos a 250°C y sirva en la misma fuente bien caliente.

Inés y Simone le aconsejan:

Esta receta tiene múltiples alternativas. Puede sustituir el beicon por unas tiras de salmón ahumado, agregando a la leche un pellizco de curry. Puede alternar puerros con corazones de palmito, enróllelo entonces con una loncha de jamón cocido y suprima el beicon. También puede sustituir la salsa propuesta por una bechamel clarita.

Aves

Codornices asadas

Tiempo de preparación: 25 minutos
Para 4 personas

- 8 codornices con sus higaditos
- 8 lonchas finas de tocino
- 50 g de manteca de cerdo
- 4 higaditos de pollo
- 1 cucharada rasa de perejil
- 4 tiras de cebollino
- 4 hojas de laurel
- 30 g de mantequilla
- 8 rebanadas de pan frito
- Sal y pimienta

1 Después de flambear y vaciar las codornices, salpimiéntelas ligeramente por dentro. Ponga a cocer 20 cl de agua y, cuando empiece a hervir, eche las hojas de laurel. Retírelas pasados unos 8 minutos y reserve el agua.

2 En un cuenco, coloque los hígados —bien limpios de hiel y nervios—, el perejil picado y los cebollinos cortados muy menudos. Añada finalmente la mantequilla, salpimiente y triture bien.

3 Rellene con esta farsa las codornices, coloque una loncha de tocino sobre cada pechuga y átelas, así como las patas, para que adquieran una bonita forma.

4 Úntelas con un poco de manteca y salpimiente por fuera antes de llevarlas al horno, previamente calentado.

5 Hornee a temperatura media durante unos 15 minutos (según el tamaño de las codornices) y, a media cocción, rocíelas con unas cucharadas de agua de laurel y déles la vuelta para que se doren por ambos lados.

6 Una vez asadas, retire la cuerda y el tocino y sírvalas sobre los costrones de pan frito. Añada algo de agua de laurel en la asadera, cuézala y frote bien en el fondo para hacer la salsa, que se echará por encima de las codornices al servirlas.

Inés y Simone le aconsejan:

El orégano es una hierba aromática que casa de maravilla con la carne de codorniz. Para mejorar su asado, añada unas hojitas de orégano al final de la cocción.

Alitas de pollo marinadas

Tiempo de preparación: 1 hora, más el marinado
Para 4 personas

1 kg de alitas de pollo
Para la marinada
1/4 l de vino blanco
2 cucharadas de vinagre al estragón
2 cucharadas de salsa de soja
2 dientes de ajo
2 cucharadas de azúcar moreno
1 guindilla pequeña
Pimienta, tomillo y cebolla
Para la salsa
4 tomates maduros
Perejil, estragón y hierbabuena
Sal y pimienta

1 La víspera, prepare la marinada: pele y dé un golpe a los dientes de ajo; pele y pique fina la cebolla. En una fuente honda, mezcle el vino con el vinagre y la salsa de soja. Añada el ajo, la cebolla, el azúcar, el tomillo y la pimienta. Añada las alitas, mezcle y reserve en la nevera, removiendo de vez en cuando.

2 A la mañana siguiente, escurra bien las alitas. Cuele la marinada y resérvela. Precaliente el horno a 210°C, ponga las alitas sobre la rejilla colocada sobre una bandeja de horno y hornee 20 minutos.

3 Mientras, prepare la salsa. Pele y quite las semillas a los tomates y córtelos en daditos. En un cazo ponga la marinada colada, agregue el tomate y deje que cueza a fuego vivo durante 10 minutos.

4 Pruebe y salpimiente a su gusto. Añada las hierbas mezcladas y sirva las alitas bien calientes, con la salsa aparte.

Codornices con petit-suisse

Tiempo de preparación: 45 minutos
Para 4 personas

- 4 codornices
- 2 petit-suisse naturales
- 1 ramito de estragón
- 1 ramito de perejil
- Masa de hojaldre congelada
- 1 huevo
- Sal y pimienta

1. Pique unas hojas de estragón y de perejil bien menudas, y mézclelas con los petit-suisse y con un poco de sal y pimienta a su gusto.

2. Rellene con esta farsa las codornices, flambeadas y vaciadas.

3. Estire la masa de hojaldre y corte unos rectángulos de un tamaño algo mayor que las codornices. Coloque una codorniz sobre cada uno de ellos y, sobre ésta, un par de hojitas de estragón y otras dos de perejil.

4. Cubra con otro rectángulo de masa y cierre los lados lo más herméticamente posible. Bata el huevo y, con ayuda de un pincel, unte la masa por encima.

5. Introduzca las codornices en el horno caliente durante unos 30 minutos. Sáquelas cuando estén bien doraditas y sírvalas en seguida.

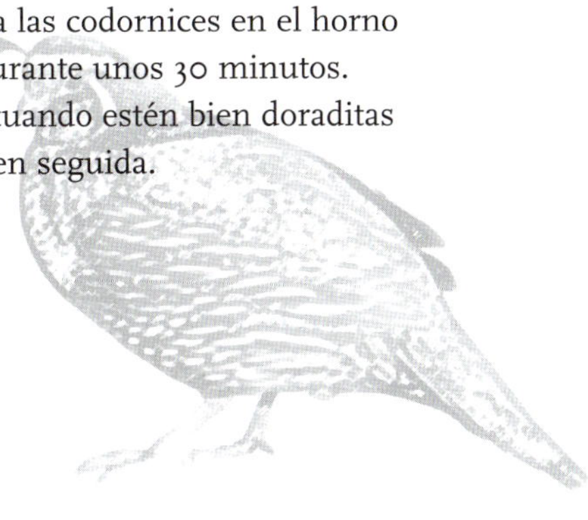

Faisán con setas

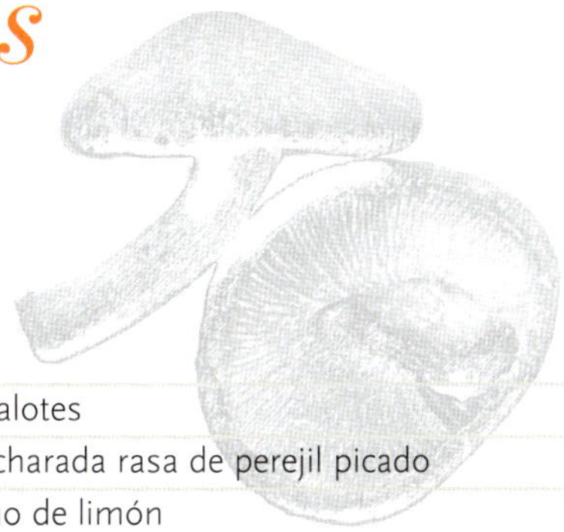

Tiempo de preparación: 1 hora y 30 minutos
Para 4 personas

- 1 faisán tierno (de 1,5 kg o algo menos)
- 500 g de setas
- 3 salchichas frescas
- Uvas pasas (un puñado)
- 10 cl de coñac
- 8 cucharadas de aceite
- 4 chalotes
- 1 cucharada rasa de perejil picado
- Zumo de limón
- Agua caliente
- Sal
- Pimienta

1. Desplume el faisán, chamúsquelo y vacíe su interior, conservando el hígado. Ponga las pasas en el coñac para que se ablanden.

2. En un cuenco, mezcle la carne de las salchichas, despojadas de su envoltura externa, el hígado del faisán muy picado y las pasas escurridas. Conserve el coñac y, con la farsa preparada, rellene el faisán. Cierre con un palillo, para que no se salga el relleno. Salpimiente a su gusto, tanto por dentro como por fuera.

3. En una fuente de asar, ponga cinco cucharadas de aceite a calentar. Dore ligeramente tres chalotes muy picados durante 5 minutos y ponga encima el faisán, tras atarle las patas para que adquiera una bonita forma.

4. Una vez dorado el faisán por todos los lados, introdúzcalo en el horno, previamente calentando, para que se ase durante unos 75 minutos (depende del tamaño del ave). A la mitad del tiempo, caliente el coñac en un cacito, préndalo y rocíe con él el faisán, sacándolo un poco del horno. Vuelva a introducir el faisán en el horno y déle la vuelta de vez en cuando, rociándolo con la salsa de la fuente.

5. Mientras, corte las setas en trozos medianos, lávelas y séquelas con un paño. Ponga el aceite restante a calentar. Pique el chalote que queda y rehogue las setas y el chalote, después de salpimentar. Cuando los chalotes se pongan transparentes, añada un poco de zumo de limón y espolvoree con perejil picado.

6. Una vez asado el faisán, trínchelo y colóquelo en una fuente disponiendo las setas alrededor. Añada un chorrito de agua caliente en la fuente, revuelva bien el fondo para formar la salsa y sirva ésta aparte.

Inés y Simone le aconsejan:

Los ajos chalotes pueden ser sustituidos por cebollitas francesas, que igualmente aportan muy buen sabor al faisán. La carne fina del faisán combina bien, además de con setas, con frutas desecadas y con trufas.

Oca asada con cerveza

Tiempo de preparación: 3 horas
Para 6 personas

1 oca de unos 3 kg
Papel de aluminio
Mantequilla para untar el papel
10 cl de cerveza
1 chorrito de zumo de limón
Sal

1 Prepare la oca vaciándola, limpiándola y flambeándola. Sale su interior, átela y colóquela sobre una rejilla que, a su vez, irá colocada sobre una fuente de horno.

2 Introdúzcala en un horno precalentado a una temperatura de 250°C y déjela cocer durante unos 30 minutos por cada medio kilo de peso. Vigile la cocción de vez en cuando: si ve que se dora demasiado rápidamente, baje un poco la temperatura del horno y envuelva la oca en papel de aluminio untado con mantequilla.

3 Vaya rociando el asado con su jugo y con la cerveza y déle la vuelta en cuanto empiece a tomar color.

4 Cuando haya terminado el tiempo de cocción, saque el ave, desátela y tínchela. Disponga los trozos en la fuente y resérvelos al calor.

5 Ponga la fuente con la salsa sobre el fuego, añadiendo un chorrito de agua y el zumo de limón y, a fuego vivo, remueva bien la salsa con un tenedor para raspar el fondo de la fuente.

6 Sirva la oca acompañada con patatas salteadas, ciruelas, piña o puré de patatas, y con la salsa en salsera aparte.

Inés y Simone le aconsejan:

Para variar el sabor del ave asada puede embutirla con unas hojas de estragón o con una ramita de romero. Si desea que la carne quede todavía más tierna, pruebe a introducir dos petit-suisse en su interior.

Pato braseado con aceitunas

Tiempo de preparación: 1 hora y 45 minutos
Para 4 ó 6 personas

1 pato de 1,5 kg
100 g de cebolla
125 g de zanahoria
1 cucharadita de fécula
4 cucharadas de aceite
1/2 l de caldo (se puede hacer con agua y una pastilla)
10 cl de vino blanco
100 g de aceitunas deshuesadas
2 tomates grandes y bien maduros
Sal y pimienta

1. En una cacerola de fondo grueso —o mejor en una *cocotte*—, ponga el aceite a calentar y, cuando esté, ponga el pato para que se dore. Con ayuda de dos cucharas, para no pincharlo, déle la vuelta varias veces.

2. Mientras se va dorando, pele y parta en rodajas la cebolla y añádala a la cacerola, así como las zanahorias raspadas y cortadas en rodajas. Deje dorar a fuego lento unos 15 minutos y añada los tomates lavados, pelados, cortados en trozos y sin semillas.

3. Rehóguelos junto con lo demás 10 minutos y agregue el vino y el caldo. Salpimiente con cuidado (la pastilla ya sala), tape la cacerola y deje cocer lentamente 1 hora.

4. Saque el pato y resérvelo al calor. Pase la salsa por el chino o por la batidora. Deslíe en un cuenco la fécula con un poco de salsa y finalmente añádala al resto de la salsa.

5. Coloque las aceitunas en un cazo pequeño, cubiertas con agua fría, y hiérbalas 3 minutos. Escurridas y partidas por la mitad, añádalas a la salsa de la cacerola y vuelva a poner también el pato en la cacerola.

6. Deje que cueza todo junto otros 12 minutos y, pasado este tiempo, saque el pato, trínchelo y ponga los trozos en la fuente donde vaya a servirlo. Cúbralo con la salsa. Puede acompañarlo con patatas fritas o con unos triángulos de pan frito.

Pato con nabos

Tiempo de preparación: 1 hora y 30 minutos
Para 6 personas

- 1 pato de 1,5 kg
- 500 g de nabos
- 2 cebollas medianas (250 g)
- 3 zanahorias grandes (200 g)
- 50 g de manteca de cerdo
- 100 g de aceitunas deshuesadas
- 10 cl de vino blanco
- 10 cl de caldo
- Pimienta
- Sal

1. En un recipiente con agua hirviendo y sal, ponga a cocer por separado los nabos, pelados y cortados si son grandes, unos 10 minutos, y las zanahorias, unos 25 minutos.

2. Una vez limpio y chamuscado el pato, salpimiéntelo por dentro, úntelo con abundante manteca de cerdo y salpimiente también por fuera.

3. Ase el pato al horno —previamente calentado unos 10 minutos— aproximadamente durante 1 hora, con una cebolla cortada en gajos alrededor. Durante este tiempo, rocíelo y déle la vuelta varias veces. Una vez asado, trínchelo y resérvelo al calor.

4. En la grasa de la bandeja de asar, rehogue la otra cebolla picada hasta que se ponga transparente (unos 6 minutos), los nabos y las zanahorias. Aparte la mitad de estas dos hortalizas y resérvelas al calor.

5. Lo demás páselo junto con la salsa por el pasapurés, o mejor por la batidora, agregándole el caldo (puede hacerlo con agua y una pastilla). Incorpore el vino y caliente en ello los trozos de pato durante unos 10 minutos.

6. Aparte, en un cazo con agua, hierva un par de minutos las aceitunas, escúrralas y añádalas al pato, así como los nabos y las zanahorias en reserva.

7. Caliente bien y sírvalo en una fuente más bien honda.

Inés y Simone le aconsejan:

En contra de lo que suele pensarse, lo mejor es colocar el ave de lado, apoyándola sobre un muslo, ya que así los jugos, al expandirse, regarán bien la pechuga, que es la parte que tiene tendencia a quedar más seca.

Pava rellena al Oporto

Tiempo de preparación: 3 horas
Para 6 personas

1 pava de unos 3 kg
Lonchas de beicon
30 g de grasa de oca (o manteca de cerdo)

Para el relleno

1 hígado de pava
500 g de salchichas frescas
30 g de mantequilla
250 g de uvas moscatel
10 cl de Oporto
1 rebanada de pan (mejor del día anterior)
1 huevo
1 pellizco de hierbas aromáticas

Para el adorno

Lonchas de beicon
Dátiles
Ciruelas pasas

1 Ponga las uvas a macerar en Oporto. En una cazuela, ponga a derretir la mantequilla y, cuando esté, eche el hígado de la pava y deje que dore por todos sus lados. Una vez dorado, retírelo y reserve. En la misma grasa, coloque la carne de las salchichas y déjela hasta que esté hecha, retire la cazuela del fuego.

2 Pique el hígado y añádale la carne de salchicha. Eche todo esto en una ensaladera y deje que se temple. Incorpore entonces la rebanada de pan desmigajada, las uvas previamente bien escurridas, el pellizco de hierbas y sal y pimienta. Mezcle bien. Agregue el huevo y vuelva a mezclar.

3 Rellene la pava con esta mezcla y cosa la apertura. Ponga las lonchas de beicon sobre la pechuga y átela, colóquela en una fuente de horno y reparta por encima, en montoncitos, la grasa de oca.

4 Sazónela por fuera e introdúzcala en el horno, rociando de vez en cuando con el jugo que suelte, al que si fuese necesario puede añadir un poco de agua caliente.

5 Mientras, cueza las ciruelas como se indique en el paquete y luego déjelas enfriar. Raje los dátiles por la mitad y sáqueles el hueso. Enrolle las ciruelas y los dátiles con las lonchas de beicon partidas por la mitad.

6 Cuando la pava lleve 90 minutos en el horno, retire las lonchas de beicon para que se dore de forma uniforme y siga rociándola con frecuencia. Permita que se siga haciendo 25 minutos más y luego pínchele unos palillos con las ciruelas y los dátiles enrollados. Baje un poco la temperatura del horno y déjela otros 25 minutos.

7 Colóquela en la fuente de servir adornada. Añada el Oporto al jugo de la cocción y deje que cueza un par de minutos la salsa. Viértala en una salsera. Puede acompañar la pava con compota de manzana o de castañas.

Pavo al foie-gras

Tiempo de preparación: 2 horas y 20 minutos
Para 8 personas

1 pavo de 3 kg	1 copita de coñac
250 g de mousse de foie-gras de buena calidad	2 huevos
6 lonchas de beicon	1 bote de salchichas pequeñas de aperitivo
100 g de manteca de cerdo	Sal
500 g de carne de salchichas frescas	Pimienta

1. Si compró el pavo con antelación, téngalo a temperatura ambiente al menos 3 horas antes de introducirlo en el horno. Para un pavo relleno, calcule 1 hora y 30 minutos para los 2 primeros kilos y 30 minutos más por cada kilo suplementario. Conviene que el horno esté a temperatura media (180°C). Al final de la cocción puede subirla a 220°C para que se dore bien por fuera.

2. Rellene el pavo mezclando la mousse de foie-gras con la carne de salchichas, los huevos batidos como para tortilla y la copita de coñac. Salpimiente a su gusto. Unte todo el pavo por fuera con la manteca, rodéelo con las lonchas de beicon y átelo para darle una forma bonita.

3. Cúbralo con papel de aluminio durante la primera hora de cocción. Pasado este tiempo retire el papel y, 30 minutos antes de terminar, retire el beicon para que el pavo se dore de manera uniforme. Rocíe con frecuencia con el jugo que vaya soltando.

4. Una vez asado el pavo, trínchelo empezando por los muslos y separándolos de las articulaciones con ayuda de un cuchillo afilado. Por último, corte la pechuga en lonchas no muy gordas.

5. Sirva el pavo acompañado con las salchichas calientes de aperitivo (metidas en agua hirviendo). También puede poner alrededor alguna rebanadita de pan tostado en la que habrá untado un poco de mousse de foie-gras.

6. Añada agua cociendo en la bandeja de asar y rasque todo el fondo para hacer la salsa, que servirá en salsera aparte.

Inés y Simone le aconsejan:

Conviene calentar previamente el horno, ya que en caso contrario la carne quedaría como hervida y el jugo tendría un sabor mucho más soso. Si ve que el ave se dora demasiado rápidamente, baje un poco la temperatura del horno para evitar que se resquebraje.

Pollo asado

Tiempo de preparación: 45 minutos
Para 6 personas

1 pollo de 1,5 kg a 2 kg
4 lonchas de beicon
30 g de manteca de cerdo o grasa de oca
1 limón
Agua caliente
Sal y pimienta

1 Prepare el pollo —desplumándolo, vaciándolo y chamuscándolo— y úntelo todo con la manteca o con la grasa de oca. Sálelo por fuera y por dentro.

2 Ate dos lonchas de beicon en el pecho y una en la espalda, e introduzca la última en el interior, junto con medio limón.

3 Coloque el pollo en una fuente de horno y llévelo a un horno precalentado 10 minutos. Ase el pollo durante 1 hora aproximadamente, con el horno a una temperatura media-alta.

4 La mejor manera de asar el pollo es en la brocheta, ya que los jugos del ave caen hacia el interior y para que se repartan bien por toda la carne es preciso que el pollo dé vueltas sin parar. Lo mismo ocurre con la grasa externa. Si no dispone de brocheta en su horno, convendrá que le dé la vuelta con frecuencia y lo riegue con su propio jugo.

5 Al final de la cocción (calcule unos 20 minutos por cada medio kilo), conviene poner el pollo sobre su espalda, a fin de que se dore de manera uniforme.

6 Cuando esté en su punto, sáquelo del horno, eche pimienta a su gusto y déjelo reposar unos minutos.

7 Mientras, retire con una cuchara gran parte de la grasa de la fuente, añada un poco de agua caliente y el zumo de medio limón, póngalo a fuego vivo raspando bien el fondo con un tenedor o cuchara de madera. Sirva esta salsa en salsera aparte.

Inés y Simone le aconsejan:

Si le gusta el pollo con sabor a ajo, frote una rebanada de pan con un diente de ajo y póngala luego dentro del pollo. Cuando lo haya asado, envuélvalo en papel de aluminio y déjelo reposar unos 5 minutos: de esta forma su carne quedará más tierna y jugosa.

Pollo con nueces

Tiempo de preparación: 1 hora
Para 4 personas

1 pollo a cuartos	2 cucharadas de perejil picado
250 g de nueces	Mantequilla o grasa de oca
1 pimiento verde	Sal
1 yogur	Pimienta

- Ponga el horno a calentar (200°C) y, cuando haya alcanzado la temperatura, introduzca el pollo, que habrá colocado en una fuente y untado con un poco de mantequilla.
- Áselo durante 30 minutos, dándole la vuelta para que esté bien asado por los dos lados.
- Mientras, frote bien con un paño el pimiento verde para limpiarlo, córtelo en tiras finas y quítele el rabo y las pepitas. Introdúzcalas en un cazo con agua hirviendo. Al cabo de 1 minuto, sáquelas, escúrralas y páselas por el chorro de agua fría.
- Pele y pique las nueces y póngalas en un cuenco, añada el yogur y el perejil picado y salpimiente.
- Con esta mezcla, unte los cuartos de pollo, coloque alrededor las tiras de pimiento y llévelo al horno unos 15 minutos más, hasta que esté bien doradito por arriba. Puede servirlo en la misma fuente, con acompañamiento de arroz blanco.

Pollo asado con manzanas

Tiempo de preparación: 1 hora y 15 minutos
Para 4 personas

1 pollo grande (1,7 kg)	2 lonchas de beicon
4 manzanas	2 cucharadas de buen coñac
50 g de manteca de cerdo	Sal y pimienta

- Una hora antes de asarlo, sazone el pollo con sal y pimienta por dentro y por fuera. En un cazo pequeño, vierta el coñac, caliéntelo y préndale fuego. Cuando haya ardido un poco, échelo dentro del pollo e introduzca asimismo los gajos de dos manzanas en su interior.
- Ate el pollo, cúbralo con una loncha de beicon y coloque otra debajo. Úntelo con la manteca y llévelo al horno, precalentado 10 minutos, a temperatura media.
- Áselo durante unos 20 minutos por cada medio kilo, rociándolo de vez en cuando con su jugo y dándole la vuelta varias veces.
- Cuando esté por la mitad del tiempo de cocción, añada el zumo de las otras dos manzanas y siga rociando el pollo con su jugo.
- Una vez terminada la cocción, saque el pollo asado, quite la cuerda y el beicon y tríncheIo. Sírvalo en seguida en una fuente con gajos de manzana alrededor.

Pollo con uvas

Tiempo de preparación: 1 hora y 20 minutos
Para 6 personas

1 pollo de aproximadamente 1,5 kg	3 lonchas de beicon
750 g de uvas	1 cucharadita de pimienta verde
Hojas de estragón	2 cucharadas de nata líquida
20 g de grasa de oca o de manteca de cerdo	Sal

- Unte el pollo, ya preparado para asar, con la manteca de cerdo, sálelo por fuera y por dentro y ate tres lonchas de beicon, una en la pechuga, otra en la espalda y la tercera en el interior.
- Introdúzcalo en el horno, precalentado 5 minutos. En una fuente honda, áselo a horno medio-fuerte durante 1 hora (según el tamaño), dándole varias veces la vuelta para que se dore de manera uniforme y rociándolo con la salsa que se vaya formando en el fondo.
- Mientras, pele las uvas, quite las pepitas y meta un grano de pimienta verde en cada una, hasta agotar los granos. Pase el resto de las uvas por el pasapurés para obtener un jugo espeso. Cuando esté bien asado y dorado, saque el pollo, retire las lonchas de beicon y las cuerdas y tránchelo.
- Ponga la fuente, retirado el pollo, a fuego medio, vierta el jugo de uva y la nata líquida, añada las uvas con la pimienta y las hojas de estragón previamente lavadas. Remueva y deje que cueza 5 minutos. Rectifique de sal y vierta la salsa sobre los trozos de pollo.

Pollo con verduras y piñones

Tiempo de preparación: 40 minutos
Para 6 personas

1 pollo de 1,7 kg en trozos	Hierbas aromáticas
500 g de tomates	2 dientes de ajo
250 g de pimientos verdes	10 cl de vino blanco
50 g de piñones	10 cl de aceite
250 g de cebollas	2 pastillas de caldo de ave
1 cucharada rasa de pan rallado	Sal y pimienta

- En una fuente de horno, ponga las cebollas peladas y picadas, sobre ellas coloque los trozos de pollo y, sobre éste, los tomates (pelados, cortados en trozos y sin semillas) y los pimientos (lavados, secados, sin rabo ni semillas y cortados en redondeles finos).
- Espolvoree el pan rallado y eche los piñones, las hierbas aromáticas, sal y pimienta. Pele y coloque los dos dientes de ajo enteros entre el pollo. Rocíe todo con el aceite, remuévalo bien y póngalo a horno medio (200°C) previamente calentado 30 minutos.
- A los 15 minutos, remueva todo y añada el vino y las pastillas de caldo disueltas en unas tres cucharadas de agua caliente. Sírvalo en la misma fuente, con triángulos de pan frito.

Pescados

Acedías empanadas al horno

Tiempo de preparación: 20 minutos
Para 4 personas

4 acedías en filetes
20 cl de leche
130 g de pan rallado
2 cucharadas de perejil picado
2 dientes de ajo
1/2 limón rallado (la cáscara)
Estragón picado (un pellizco)
4 cucharadas de mantequilla derretida, más un poco para untar el molde
Pimentón picante (un pellizco)
Sal

1 Encienda el horno al máximo y prepare un pan rallado añadiéndole perejil picado, ajo picado muy menudo, estragón y la cáscara de un limón rallada.

2 Eche una cucharadita de sal en la leche y pase los filetes de pescado por la mezcla; después, páselos por el pan rallado.

3 Ponga los filetes de pescado en una fuente de horno bien untada con mantequilla, rocíelos con 4 cucharadas de mantequilla derretida y añada el pellizco de pimentón. Si no le agradan los sabores picantes o el plato lo van a tomar niños, es preferible que emplee pimentón dulce.

4 Introduzca el pescado en el horno y deje que se haga durante 12 minutos. Sírvalo en seguida.

Inés y Simone le aconsejan:

Para cocerlas al horno, pida que las acedías sean gruesas, pues de otro modo es preferible cocinarlas a la plancha. Horneadas con un fondo de tomate también resultan muy apetecibles, con un buen acompañamiento de verduras y setas.

Atún con queso al horno

Tiempo de preparación: 1 hora
Para 4 personas

- 4 rodajas de atún fresco
- 3 cucharadas de buen aceite de oliva
- 5 tomates grandes
- 3 calabacines
- 2 vasos de sidra
- 3 dientes de ajo
- 4 chalotes (o 1 cebolla)
- 30 g de queso rallado
- Romero
- Sal y pimienta

1 Encienda el horno (200°C) 5 minutos antes. Corte los tomates y los calabacines en rodajas más bien finas y colóquelas sobre una fuente de horno.

2 Ponga sobre ellos las rodajas de atún, a las que antes habrá pinchado los dientes de ajo pelados y en trozos. Rocíelo con los chalotes o la cebolla picada.

3 Vierta sobre todo ello la sidra, salpimiente a su gusto y espolvoree con el romero y el queso rallado. Vierta por encima las cucharadas de aceite e introdúzcalo en el horno.

4 Hornee durante 45 minutos, rociándolo de vez en cuando con el jugo que vaya soltando. Pasado este tiempo, saque y sirva.

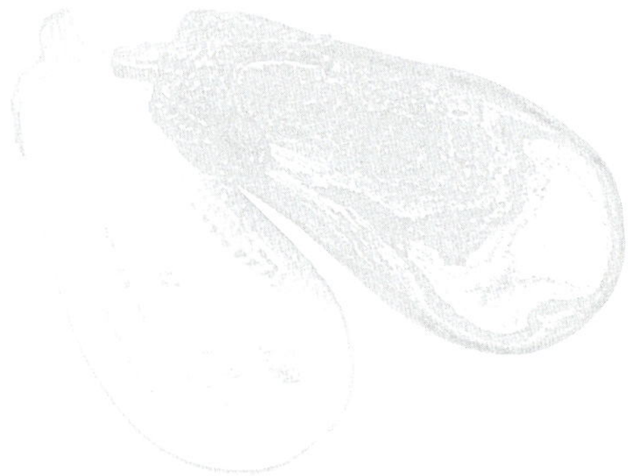

Inés y Simone le aconsejan:

El atún al horno queda también muy sabroso acompañado de berenjenas. Como los calabacines, hay que cortarlas en rodajas bien finas y colocarlas sobre una fuente de horno. Si no dispone de sidra, el vino blanco dará un resultado igualmente apetecible.

Besugo asado

Tiempo de preparación: 20 minutos
Para 1 persona

1 besugo pequeño de ración (500 g o algo más)	2 cucharadas de aceite de oliva
1 limón	2 cucharadas de aceite de nuez
2 dientes de ajo	Sal y pimienta

- Corte la piel del limón en tiras a lo largo. Practique unas incisiones en el besugo por ambos lados y frótelo con una mezcla de sal y pimienta.
- Pele los ajos y córtelos en láminas. Introduzca en cada incisión unas láminas de ajo y una tira de cáscara de limón.
- Coloque el besugo en una fuente de horno, después de untarlo bien por todos sus lados con la mezcla de los dos aceites.
- Introdúzcalo en el horno caliente y deje que se haga durante 18 minutos, dándole la vuelta una sola vez. Sáquelo del horno y sirva.

Besugo a la albahaca

Tiempo de preparación: 1 hora
Para 4 personas

1 besugo de aproximadamente 1,3 kg	5 cl de vermut blanco
1 lechuga pequeña	2 ramitas de albahaca
1 calabacín grande	3 cucharadas de aceite de oliva
250 g de zanahorias	250 g de nata líquida
5 cl de vino blanco	Perejil picado, sal y pimienta

- Pida en la pescadería que le limpien y le vacíen el besugo. Lávelo y séquelo con un paño limpio. Encienda el horno (200°C), salpimiente el besugo por la tripa y los lomos e introdúzcale una ramita de albahaca.
- Cubra una fuente de horno con papel de aluminio de manera que sobresalga para poder cubrir el besugo. Sobre el papel, disponga un lecho de lechuga, cortada en tiras, y rocíela con el aceite de oliva. Sobre la lechuga coloque el pescado y, a su alrededor, rodajas de calabacín sin pelar y las zanahorias peladas y cortadas en juliana.
- Rocíe el pescado con el vino y el vermut y espolvoree el perejil picado. Doble y cierre el papel de aluminio. Hornee durante media hora, cuando falten un par de minutos, salpimiente la crema y cuézala despacio hasta que espese ligeramente.
- Saque el pescado y sírvalo en la misma fuente abriendo la papillote. Cubra el besugo con la crema caliente y adorne con unas hojitas de albahaca.

Dorada agridulce

Tiempo de preparación: 30 minutos
Para 4 personas

1 dorada de al menos 1 kg
5 cucharadas de aceite
2 cucharadas de vinagre
10 cl de vino blanco seco
3 cucharadas de salsa de soja
2 cucharadas de azúcar
1 cucharada de harina
1 cebolla
2 pimientos rojos
Sal

1 En un cazo, ponga el aceite junto con el vinagre, el vino blanco, la salsa de soja y el azúcar y llévelo lentamente al punto de ebullición.

2 Ligue esta salsa con la harina desleída previamente en un poco de agua fría y retire el cazo del fuego.

3 Dore en las dos cucharadas de aceite el pescado cortado en rodajas y a continuación sazone a su gusto.

4 Coloque los trozos de pescado en una fuente de horno, cubra con la salsa y reparta por encima la cebolla pelada y cortada en rodajas finas, así como los pimientos, sin semillas ni partes blancas y también cortados en tiras finas.

5 Introduzca el pescado en el horno, previamente calentado 10 minutos, durante unos 15 minutos a una temperatura de 160°C.

Inés y Simone le aconsejan:

Esta receta queda igualmente rica hecha con besugo. Puede poner un pimiento rojo y otro verde, en vez de dos rojos, para realzar el colorido de la presentación. Procure que los ingredientes de acompañamiento sean de sabor suave, para que no atenúen el delicado sabor de la dorada.

Filetes de gallo con cebollitas y calabacines

Tiempo de preparación: 1 hora
Para 4 personas

1 gallo de 1 kg en filetes	4 cucharadas de jerez
3 calabacines (1 kg)	2 cucharadas de pan rallado
2 cebollitas francesas grandes (60 g)	2 nueces de mantequilla
2 cucharadas de aceite	Sal y pimienta

- Unte una fuente de horno con 2 cucharadas de aceite. Pele y corte en rodajas finas los calabacines y las cebollas, soltando de éstas los aros, y cubra con ello el fondo de la fuente.
- Sale las capas, rocíe con jerez y ponga la fuente a horno medio durante 45 minutos.
- Saque a medias la fuente del horno y coloque los filetes de gallo (lavados y con unos golpes para que no se encojan). Salpimiente, espolvoree ligeramente con el pan rallado y coloque sobre cada filete una nuez de mantequilla.
- Vuelva a introducir la fuente en el horno 10 minutos y sírvalo en la misma fuente.

Gallos con naranja y almendras picadas

Tiempo de preparación: 30 minutos
Para 3 personas

3 gallos de ración	50 g de mantequilla
2 naranjas	1/2 l de aceite
6 almendras	Harina y sal

- Compre los gallos sin piel oscura ni tripas, lávelos, séquelos y páselos por harina, sacudiendo para que caiga la sobrante.
- Ponga el aceite a calentar en una sartén y fría los gallos en aceite no muy caliente, para que se hagan por dentro. Una vez fritos, colóquelos en una fuente resistente al horno.
- Pique muy menuda la corteza de media naranja, así como las almendras crudas o tostadas sin sal. Exprima el zumo de las naranjas y póngalo en un cazo con la mantequilla (blanda), la picada de almendras y la cáscara de naranja.
- Cuando esté caliente la salsa (sin cocer), repártala con una cuchara por encima de cada gallo y ponga la fuente en el horno previamente calentado 10 minutos, para gratinar.
- Una vez estén dorados, los gallos se sirven en seguida en la misma fuente.

Filetes de bacalao fresco rellenos

Tiempo de preparación: 50 minutos
Para 4 personas

4 filetes de bacalao fresco
250 g de champiñones
4 cucharadas de aceite
100 g de punta de jamón serrano picado
2 cebollas medianas (250 g)
250 g de gambas
Sal

Para la salsa

20 cl de leche o nata líquida
3 cucharadas de aceite
4 cucharadas de salsa de tomate
1 cebolla pequeña (50 g)
1 cucharada de maicena
Sal, pimienta y curry

1 En una sartén, ponga el aceite a calentar y, cuando esté, añada la cebolla pelada y picada menuda y déjela unos 5 minutos, hasta que se ponga transparente.

2 Añada entonces los champiñones lavados, bien escurridos y picados en trocitos, así como el jamón y las gambas peladas y también en trocitos. Déle unas vueltas hasta que se hagan las gambas, y resérvelo.

3 Rellene con esta mezcla los filetes de bacalao (previamente salados) y enróllelos. Unte una fuente de horno con aceite y coloque los rollitos sin que se toquen. Introdúzcalo en el horno a calor medio durante 15 minutos.

4 Mientras, prepare la salsa pelando y picando muy fina la cebolla y friéndola en el aceite. En cuanto la cebolla empiece a dorarse (unos 8 minutos), agregue la maicena, déle un par de vueltas con una cuchara de madera y vierta la leche poco a poco y sin dejar de remover.

5 Cuando toda la leche esté incorporada, añada la salsa de tomate y luego el curry, y salpimiente a su gusto. Deje que se haga a fuego suave, mientras va removiendo durante 10 minutos. Pasado este tiempo, pásela por la batidora.

6 Saque el pescado del horno cuando esté hecho y cúbralo con esta salsa. Sírvalo en seguida.

Lenguado al horno con verduras y miel

Tiempo de preparación: 45 minutos
Para 3 ó 4 personas

750 g de filetes de lenguado	2 cucharadas de miel
1 berenjena	1 ramita de perejil
2 calabacines	5 cucharadas de aceite
1 cebolla (150 g)	Pimienta
2 tomates	Sal

1 Seque bien los filetes con un paño y salpimiéntelos. Corte la berenjena y los calabacines sin pelar en trozos de 1/2 cm de largo. Pele y pique la cebolla.

2 En una sartén, ponga tres cucharadas de aceite a calentar y eche la cebolla, rehogándola hasta que esté transparente; añada entonces los trozos de berenjena y rehóguelos hasta que estén blandos. Sálelos y resérvelos.

3 En el mismo aceite, rehogue los trozos de calabacín (unos 5 minutos), sálelos al retirarlos del fuego y resérvelos.

4 Pele los tomates y córtelos por la mitad quitándoles las semillas. Póngalos en una cacerola pequeña con un poco de sal y el resto de aceite. Tápelos y deje que se hagan 10 minutos. Retírelos del fuego y añada la miel mezclando bien.

5 En una fuente de horno, ponga las berenjenas con la cebolla y, sobre ellas, los filetes de pescado, cúbralos con los calabacines y luego con los tomates.

6 Introdúzcalo en el horno previamente calentado 15 minutos a temperatura media.

7 Pique el perejil y espolvoréelo por encima del lenguado al sacar la fuente del horno.

Inés y Simone le aconsejan:

El lenguado es un pescado de carne firme, pero magra y fina, por lo que se recomienda que las preparaciones sean preferiblemente sencillas, sin exceso de condimentación.

Lubina a la sal

Tiempo de preparación: 30 minutos
Para 6 personas

- 1 lubina de 1,2 kg
- 3 kg de sal gorda
- Agua

- En una besuguera —o una fuente de horno algo honda— ponga una capa gruesa de sal gorda, salpíquela con unas gotas de agua y aplástela para que quede compacta.
- Limpie, lave y seque el pescado, pero déjelo sin vaciar. Colóquelo sobre la capa de sal y cúbralo con otra capa de sal gorda bien apretada.
- Introdúzcalo en el horno, previamente calentado, a temperatura media, y déjelo hasta que la capa de sal haya tomado color y se resquebraje sola.
- Saque el pescado de la sal, vacíelo y sírvalo en seguida con alguna salsa, como mayonesa o muselina.

Lubina con almejas

Tiempo de preparación: 30 minutos
Para 4 personas

- 1 lubina de aproximadamente 750 g
- 4 cucharadas de aceite
- 1 cebolla (100 g)
- 10 cl de sidra
- 250 g de almejas
- 1 cucharada de perejil picado
- Rebanadas de pan de molde
- 1 cucharadita de pimentón
- Pimienta
- Sal

- Pida en la pescadería que le vacíen y limpien la lubina y, en casa, lávela bien y séquela con un paño limpio. Córtela en rodajas, sazónela con sal y pimienta y colóquela en una cazuela.
- Agréguele el aceite, la cebolla pelada y picada y el pimentón. Riegue con el vaso de sidra y deje que cueza a fuego lento durante 20 minutos.
- Una vez cocido el pescado y bien escurrido, colóquelo en una fuente de horno y adórnelo con las almejas, previamente abiertas en la forma habitual a fuego vivo, puestas alrededor.
- Cuele la salsa sobrante y viértala sobre el pescado.
- Introduzca la fuente en el horno durante 5 minutos. Antes de servirla, espolvoréela con perejil picado y adórnela con triángulos de pan frito.

Merluza en allada

Tiempo de preparación: 40 minutos
Para 4 personas

4 rodajas de merluza	1 cucharadita de pimentón colmada
3 cucharadas de aceite	2 patatas grandes (500 g)
8 dientes de ajo	Sal
1 cebolla (125 g)	Agua fría

- Pele, lave y corte las patatas en rodajas gruesas. Póngalas a cocer en agua fría con sal durante unos 20 minutos.
- Mientras, caliente en una sartén pequeña el aceite y, cuando esté, eche la cebolla picada y rehóguela 5 minutos hasta que esté transparente.
- Añada los ajos pelados y cortados en láminas y deje que se dore todo. Separe después la sartén del fuego y añada el pimentón. Déle unas vueltas.
- Cuando las patatas lleven 20 minutos, añada la merluza, salándola ligeramente. Cuando vuelva a romper el hervor, deje que cueza 5 minutos más. Vuelque un poco la cacerola para retirar casi toda el agua y añada el refrito de la sartén, sacudiendo bien para que penetre.
- Vuelva a dejar que cueza todo junto 5 minutos más y, finalmente, pase a una fuente de horno y métalo otros 5 minutos en el horno previamente calentado.

Merluza en papillote

Tiempo de preparación: 35 minutos
Para 4 personas

1 cola de aproximadamente 1 kg	2 pimientos rojos (1 si es grande)
150 g de beicon en lonchas finas	1 cucharada de perejil picado
500 g de tomates	Sal

- Pida en la pescadería que le saquen los filetes de merluza, y sálelos. Corte los tomates en daditos y sálelos. Corte el pimiento, una vez quitadas las partes blancas y las semillas, en tiras más bien finas.
- Prepare unos rectángulos de papel de aluminio y reparta sobre ellos en el fondo una capa de daditos de tomate, sobre ésta, una capa de lonchas de beicon y, finalmente, las tiras de pimiento alrededor.
- Coloque sobre esta base los filetes de merluza y cúbralos con unas lonchas de beicon y otra de tomates y tiras de pimiento.
- Espolvoree el perejil y ponga la fuente en el horno. Hornee unos 30 minutos, o algo menos, y cuando la merluza esté hecha, sáquela y sírvala en la misma fuente.

Ostras gratinadas a la mousse de brécol

Tiempo de preparación: 1 hora y 30 minutos
Para 4 personas

24 ostras	1/2 limón (el zumo)
1 kg de brécol	1 chalote
4 huevos	1/2 l de cava
4 cucharadas de pan rallado	10 cl de nata líquida espesa
4 cucharadas de queso rallado	200 g de mantequilla
1 cucharadita de albahaca picada	Sal
1 cucharadita de perejil picado	Pimienta

1 Abra las ostras con el cuchillo especial para ello, sáquelas de sus conchas recogiendo el jugo que suelten.

2 Separe los ramitos de brécol y quítele los tallos. Lávelos bien en agua fría con zumo de limón. En una cacerola honda, ponga agua con sal a calentar y cueza en ella el brécol unos 15 minutos. Escúrralo después.

3 Ponga la mitad del brécol en la batidora con dos cucharadas de pan rallado, dos huevos, dos cucharadas de queso rallado y la mitad de las hierbas mezcladas. Bátalo hasta obtener una pasta y viértalo en un recipiente. Proceda a batir el resto del mismo modo.

4 Unte un molde con mantequilla, vierta en él la mezcla y póngalo al baño María en el horno, previamente calentado, durante 50 minutos.

5 Mientras, pele y pique menudo el chalote. Rehóguelo en un poco de mantequilla puesta a derretir en un cazo, dejándola hasta que esté transparente, agregue el cava y el jugo de las ostras y deje que cueza suavemente hasta que se reduzca.

6 Mezcle el chalote con el jugo y vaya añadiendo virutas de mantequilla sin dejar de batir con las varillas. Añada la nata, sin dejar de batir.

7 En los platos, agregue un poco de mousse de brécol, las ostras y la salsa, póngalo a gratinar hasta que adquiera un bonito color dorado.

Pescadilla con puerros

Tiempo de preparación: 45 minutos
Para 4 personas

- 4 rodajas de merluza
- 6 puerros
- 1 cebolla grande
- 100 g de mantequilla
- 2 dientes de ajo
- 6 cucharadas de aceite
- 1 cucharada de perejil picado

Para la salsa

- 60 g de mantequilla
- 1 cucharada de harina
- 30 cl de agua
- 1 pastilla de caldo de ave
- 1 limón (el zumo)
- 2 yemas de huevo
- Nuez moscada
- Sal y pimienta

1 Encienda el horno. Lave y seque bien las rodajas de pescado. En una fuente de horno ponga 4 cucharadas rasas de aceite, para cubrir el fondo, y las rodajas de pescado salpimentadas por ambos lados.

2 Pele y corte en rodajas finas la cebolla y colóquela alrededor del pescado. Pele y parta en 4 los ajos y, en cada rodaja, clave 3 trozos alargados de ajo. Espolvoree con el perejil picado y rocíe todo el pescado con el resto del aceite.

3 Introdúzcalo en el horno unos 20 minutos. Mientras, lave y quite las hojas más estropeadas de los puerros (conserve sólo la parte blanca y la verde más tierna) y córtelos en juliana. En una cacerola, ponga a derretir una nuez de mantequilla con una cucharadita de agua. Añada los puerros, tape la cacerola y deje cocer a fuego lento, removiéndolos de vez en cuando hasta que hayan perdido su agua, pero conservándose ligeramente crujientes. Salpimiéntelos, retírelos del fuego y resérvelos tapados.

4 Prepare la salsa poniendo en un cazo la mantequilla a calentar y, cuando esté derretida, añádale la harina, déle unas vueltas con una cuchara de madera y agregue poco a poco el agua fría. Cuézalo durante 5 minutos sin dejar de remover e incorpore una pastilla de caldo de ave deshecha.

5 En un tazón, ponga las yemas de huevo y el zumo de limón. Con una cuchara, vierta un poco de salsa en el tazón y remueva en seguida para que las yemas no se cuajen. Incorpore algo más de salsa y luego eche el resto del tazón y caliéntelo, pero sin cocer.

6 Pruebe de sal y añada, si fuese necesario. Eche un poquito de nuez moscada y revuelva todo muy bien. Échelo en una salsera previamente calentada.

7 Saque el pescado y póngalo en la fuente de servir, rodeado por los puerros y con una pizca de salsa por encima. Sirva el resto de la salsa aparte.

Pescado envuelto en hojas de lechuga

Tiempo de preparación: 25 minutos
Para 4 personas

500 g de filetes de pescado congelado	**Para la bechamel con tomate**
Hojas de lechuga	1 cucharada de harina rasa
1 limón (el zumo)	1 cucharada de mantequilla
150 g de queso cremoso a las finas hierbas	1 cucharada de aceite
Mantequilla o margarina	1/4 l de leche
2 cucharadas de queso rallado	1 cucharada de salsa de tomate
Sal	Sal

- Descongele los filetes, rocíelos con el zumo de limón, córtelos en trozos y sazónelos.
- Cueza las hojas de lechuga un minuto en agua hirviendo con sal. Salpimiente el queso cremoso, aplástelo con un tenedor y repártalo sobre una de las caras de los filetes.
- Envuelva los filetes en las hojas de lechuga formando paquetitos y colóquelos en una fuente de horno untada previamente con mantequilla.
- Prepare una bechamel clara con los ingredientes mencionados y viértala sobre los paquetitos, espolvoree el queso rallado y llévelo al horno, precalentado, unos 15 minutos a 220°C.

Bacaladitos rellenos al horno

Tiempo de preparación: 45 minutos
Para 6 personas

1,5 kg de bacaladitos	4 cucharadas de aceite
2 lechugas grandes	40 g de mantequilla en trocitos
100 g de mantequilla	Agua
2 cucharadas de pan rallado	Sal

- Lave y seque las lechugas y córtelas en tiras finas, póngalas en una sartén con la mantequilla y rehogue bien. Resérvelas al calor.
- Quite las cabezas y las espinas de los bacaladitos. Lávelos, séquelos y póngalos sobre una mesa con la espina hacia arriba. Sálelos ligeramente. En el centro de cada bacaladito, ponga un poco de lechuga y enrolle.
- En una fuente de horno eche el aceite de forma que cubra el fondo. Reparta los bacaladitos y espolvoree con pan rallado y la mantequilla reservada en trocitos. Introdúzcalo en el horno precalentado y hornee a fuego medio unos 30 minutos. Sírvalos en la misma fuente.

Rape asado con manzanas

Tiempo de preparación: 1 hora y 30 minutos
Para 4 personas

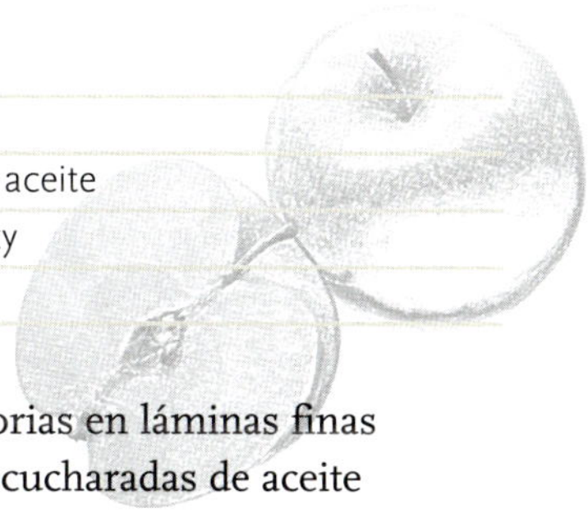

- 1 trozo de rape sin espinas de 1,2 kg
- 3 cebollas más bien grandes
- 3 manzanas verdes ácidas
- 2 chalotes
- 2 zanahorias
- 2 cucharadas de aceite
- 1 vasito de whisky
- Sal y pimienta

- Pele y corte las cebollas, los chalotes, las manzanas y las zanahorias en láminas finas y en una cacerola de las de fondo esmaltado rehóguelas en dos cucharadas de aceite a fuego muy lento. Salpimiente.
- Rocíe el rape con el whisky y déjelo en maceración durante 1 hora. Pasado este tiempo, añádale la pimienta en grano.
- Cuando las verduras se hayan confitado, escurra el rape y colóquelo sobre las verduras.
- Introdúzcalo en el horno durante 20 minutos, dándole la vuelta al cabo de 10 minutos con delicadeza.
- Ponga a calentar el whisky de la maceración, viértalo sobre el pescado y flambéelo. Sírvalo en una fuente, con acompañamiento de arroz salvaje.

Truchas con champiñones

Tiempo de preparación: 40 minutos
Para 4 personas

- 4 truchas
- 500 g de champiñones
- 150 g de mantequilla
- 1 cebolla mediana
- 1 limón (el zumo)
- Perejil picado
- Sal

- Pida en la pescadería que le escamen y vacíen las truchas. En casa, lávelas y séquelas bien.
- En agua fría con unas gotas de zumo de limón, lave los champiñones, quíteles los rabos y córtelos en láminas gruesas. Pele y corte en rodajas gruesas las cebollas.
- En un cazo, ponga 50 g de mantequilla a derretir y eche los champiñones y un poco de zumo de limón, tápelos y deje cocer durante 4 ó 5 minutos. Caliente el horno (200°C).
- Unte el fondo de una fuente de horno con la mitad de la mantequilla, sale las truchas y colóquelas en la fuente, rellenándolas con los champiñones y con la cebolla alrededor.
- Caliente en un cazo el resto de la mantequilla, con el resto de zumo de limón y rocíe con ello las truchas. Introdúzcalas en el horno.
- Pasados 12 minutos, sáquelas y sírvalas en seguida espolvoreadas con perejil picado.

Salmonetes con orégano y limón

Tiempo de preparación: 35 minutos
Para 4 personas

12 salmonetes	20 cl de leche
10 cl de aceite de oliva	1 limón
Orégano	Sal
2 rebanadas de pan de molde	Pimienta

- Lave bien y vacíe los salmonetes.
- Retire los bordes oscuros de las rebanadas de pan y póngalas a remojar en la leche. Escúrralas bien y luego mezcle la miga de pan con las hierbas picadas, añada un chorrito de aceite, sal y pimienta.
- Rellene con esta majada el interior de los salmonetes y rocíelos con el aceite, espolvoréelos con orégano, con sal y pimienta.
- Cocínelos bajo el grill, previamente encendido.
- Sírvalos bien dorados, acompañados con cuartos de limón o con una mayonesa al limón.

Cabracho al tomillo

Tiempo de preparación: 40 minutos
Para 2 personas

2 cabrachos de mediano tamaño o 1 grande	Tomillo molido
2 cebollas	4 cucharadas de aceite de oliva
2 tomates bien maduros	Sal
Mantequilla o margarina para untar la fuente	Pimienta

- En una fuente de horno previamente untada con mantequilla, coloque el pescado y ponga a su alrededor la cebolla pelada y cortada en rodajas y los tomates pelados y en cuartos. Para pelarlos más fácilmente, puede ponerlos unos segundos en agua hirviendo antes de proceder a pelarlos.
- Salpimiente y espolvoree los cabrachos con el tomillo y, a continuación, rocíe bien con el aceite de oliva.
- Póngalos en el horno caliente a unos 200°C. Pasados unos 30 minutos (depende del tamaño del pescado), sáquelos y sírvalos acompañados con verduras cocidas o patatas al vapor.

Truchas a la naranja en papillote

Tiempo de preparación: 30 minutos
Para 4 personas

4 truchas
1 puerro
2 zanahorias
1 naranja
Eneldo en rama (seco)
Caldo de pollo (se puede hacer con agua y una pastilla)
Mantequilla
Nuez moscada
Pimentón picante
Sal y pimienta

1. Lave y seque bien las truchas. Salpimiéntelas dentro de la tripa y por los lomos. Espolvoree la tripa con un poquito de eneldo.

2. Corte el puerro en tiritas finas como para juliana; pele y corte en tiritas la zanahoria, y corte una media naranja en rodajas.

3. Derrita un buen trozo de mantequilla y añádale el zumo de la otra media naranja, así como un poquito de nuez moscada y un pellizco de pimentón picante, caliéntelo sin que hierva.

4. Coloque las truchas, de una en una, sobre papel de aluminio, ponga a su alrededor el puerro y la zanahoria. Ponga dos medias rodajas de naranja sobre ellas.

5. Rocíe cada trucha con dos cucharadas de caldo de pollo y con una cucharada de la salsa elaborada con la mantequilla y el zumo.

6. Cierre los paquetitos y póngalos en el horno a 280°C durante 15 minutos o algo más. Sírvalas envueltas en papel directamente sobre los platos.

Inés y Simone le aconsejan:

Al cocinarla al horno en papillote conviene que la trucha esté muy limpia. Además de eviscerarla y limpiarla, para facilitar la cocción, es recomendable practicar un corte en la parte anterior del vientre.

Vieiras a la gallega

Tiempo de preparación: 40 minutos
Para 4 personas

- 8 vieiras grandes
- 4 cucharadas de aceite
- 1 cebolla mediana (150 g) picada
- 1 diente de ajo picado
- 1 cucharadita de pimentón
- 2 cucharadas de pan rallado
- Sal

- Quíteles la concha superior y las partes oscuras y, tras lavarlas bien bajo el grifo, déjelas una media hora en agua con sal. Si es agua de mar, mejor. Para que la ración resulte más abundante, puede reunir dos vieiras en cada concha.
- Mientras, caliente el aceite en una sartén y cuando esté en su punto, añada la cebolla y el ajo, ambas cosas picadas.
- Deje rehogar lentamente durante unos 8 minutos y añada entonces, apartando la sartén del fuego, para que no se queme, el pimentón y luego el perejil. Remueva y reparta este sofrito por encima de las vieiras bien escurridas.
- Espolvoréelas con un poco de pan rallado e introdúzcalas en el horno hasta que se doren ligeramente, pero sin que se resequen, y sírvalas en sus mismas conchas.

Vieiras al horno con azafrán

Tiempo de preparación: 45 minutos
Para 4 personas

- 12 vieiras
- 1/2 cucharadita de hebras de azafrán
- 10 cl de vino blanco
- 1 puerro
- 20 g de mantequilla
- Pimienta

- Limpie las conchas, quite las barbas, guarde la concha inferior y reserve las vieiras en sitio fresco. Pase las barbas bajo el chorro de agua fría hasta que estén muy claras. Póngalas en una cacerola con el vino blanco y 15 cl de agua y sazone.
- Cueza 10 minutos a fuego suave, cuele el jugo y reduzca hasta 2/3 con la mitad de estigma de azafrán. Añada 10 g de mantequilla, sazone, emulsione con las varillas y reserve al calor.
- Rehogue el puerro en tiras en el resto de la mantequilla y, cuando esté bien blando, póngalo en el fondo de las conchas lavadas.
- Coloque una vieira en cada concha, sazone y ponga encima el resto del azafrán. Coloque las conchas bien caladas con sal gorda sobre una placa de horno y hornee 5 minutos con termostato 7.
- Verifique la cocción, rocíe cada concha con el fumet al azafrán, añada un golpe de molinillo de pimienta y sirva.

Carnes

Cabrito al horno con vino y laurel

Tiempo de preparación: 1 hora
Para 6 personas

1 cabrito en trozos
1 hoja de laurel
10 cl de buen vino tinto
Manteca de cerdo
1 cebolla grande (150 g)
2 dientes de ajo
10 granos de pimienta
20 cl de agua
1/4 de pastilla de caldo de carne
Sal

- En la carnicería, pida que le partan el cabrito en trozos grandes. Úntelos con la manteca por todos sus lados y colóquelos en una besuguera o fuente de horno de forma que no se monten unos sobre otros.
- Pele y pique la cebolla y échela alrededor de los trozos de cabrito, así como los granos de pimienta, los ajos pelados y muy picaditos de hoja de laurel. Rocíelos con el vino y el caldo, que habrá preparado con anterioridad disolviendo la pastilla en el agua.
- Introdúzcalo en el horno hasta que la carne esté tierna y bien doradita. Con ayuda de dos cucharadas de madera, vaya dando de vez en cuando la vuelta a los trozos y rocíelos con el jugo.
- Cuando hayan pasado 15 minutos, sálelos. Sirva el cabrito acompañado de patatas a lo pobre o de una ensalada.

Cabrito asado

Preparación: 2 horas y 15 minutos
Para 6 personas

1 cabrito (partido a lo largo)
1 diente de ajo
Manteca de cerdo
1 cucharada de vinagre
Sal

- Con ayuda de un cuchillo, dé unos golpes al cabrito (o pida en la carnicería que se los den) para que luego le resulte más fácil trincharlo. Frótelo con el diente de ajo y úntelo ligeramente con manteca de cerdo.
- Sálelo e introdúzcalo en el horno a temperatura media (calcule media hora por cada medio kilo) y rocíelo de vez en cuando con su jugo.
- Cuando falten 15 minutos para acabar de asar, úntelo con ayuda de una brocha de cocina por su lado externo con el vinagre y vuelva a ponerlo en el horno hasta que se termine de hacer. Sírvalo trinchado y bien caliente.

Cerdo relleno

Tiempo de preparación: 1 hora y 45 minutos
Para 6 personas

1 costillar de cerdo deshuesado de 1 kg
2 cucharadas de aceite
1 cebolla
2 zanahorias
1 hoja de laurel
1 ramita de tomillo

Para el relleno

200 g de miga de pan (del día anterior)
3 huevos duros
100 g de carne de salchicha fresca
3 cucharadas de perejil picado
50 g de cebolla
Sal y pimienta

1 Abra la carne por el lado de su grosor, para que le quede como una bolsa donde introducirá el relleno.

2 Mezcle la miga de pan, mojada en leche y estrujada, los huevos duros picados y la carne de salchicha, añada el perejil y los 50 g de cebolla, todo ello picado muy menudo, sazone.

3 Rellene con esta farsa la carne —pero no demasiado, porque el relleno se hinchará— y cósala para evitar que el relleno se salga durante la cocción.

4 Rehogue la carne así preparada en el aceite caliente, dándole la vuelta para que se dore bien por todos sus lados. Añada la cebolla y las zanahorias cortadas en rodajas y el tomillo con la hoja de laurel.

5 Tape y deje que cueza en la cacerola metida en el horno, previamente calentado, durante 90 minutos, rociándolo de vez en cuando con un poco de agua. Sáquelo y córtelo en rodajas antes de servir.

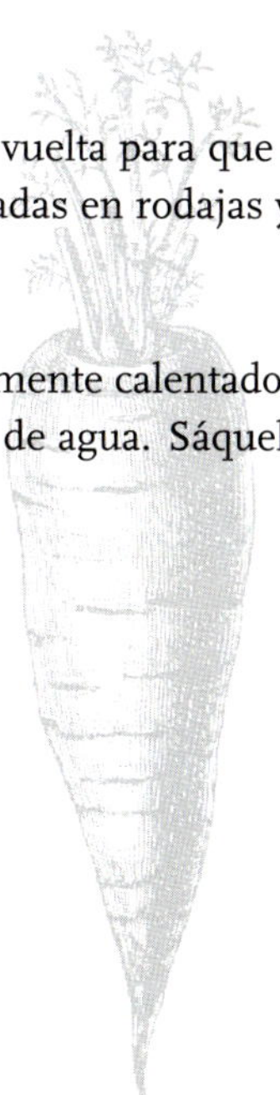

Chuletas de cerdo en cazuela con patatas

Tiempo de preparación: 40 minutos
Para 6 personas

6 chuletas de cerdo	2 dientes de ajo
1 kg de patatas	4 ramitas de perejil
30 cl de aceite	5 cl de vino blanco
2 huevos duros	5 cl de caldo
30 g de almendras peladas	Sal y pimienta

1 Pele, lave las patatas y séquelas. Córtelas en rodajas algo menos finas que para tortilla. Caliente en una sartén el aceite y fría las patatas por tandas, de manera que no se doren. Sáquelas y escurra bien el aceite sobrante en un colador grande.

2 Salpimiente las chuletas por ambos lados y déjelas así en espera.

3 En una cacerola de barro, ponga aceite suficiente para cubrir un poco el fondo; reparta por encima las patatas y, sobre ellas, las chuletas.

4 En el mortero, machaque los dientes de ajo pelados, el perejil (sin rabos) y las almendras. Diluya la pasta así formada con el vino blanco y viértala por encima de las chuletas; añada también dos cucharadas de aceite y el caldo (puede hacerlo con agua y una pastilla). Vuelva a rectificar de sal y pimienta.

5 Lleve la cacerola al horno (precalentado 5 minutos) a temperatura media-fuerte y cubierta con una tapadera. Hornee 10 minutos y sáquelo para dar la vuelta a las chuletas. Vuelva hornear otros 10 minutos, hasta que se consuma casi todo el líquido.

6 Mientras, pique los huevos duros. Saque del horno la cacerola, destápela y espolvoree con los huevos picados antes de servir.

Inés y Simone le aconsejan:

Si ha conservado los huesos del costillar, añádalos a la cacerola en el momento de cocer la carne y la salsa quedará más sabrosa. Puede hacer esta misma receta con ternera. Si le gusta el ajo, puede añadir uno picado muy fino al relleno.

Ciervo asado

Tiempo de preparación: 1 hora y 30 minutos, más 12 horas marinando
Para 4 personas

1,2 kg de silla de ciervo
50 g de manteca de cerdo
1/2 l de caldo de carne
1 cucharada de maicena
10 cl de nata líquida espesa
1 cucharada de jalea de grosella
1 naranja (un trozo de cáscara)
Sal

Para la marinada
1/2 l de vino tinto
1/2 l de agua
Nuez moscada (un pellizco)
1 hoja de laurel
12 granos de pimienta
12 granos de enebrina (fruto del enebro)

1 Prepare la marinada, poniendo en un cazo todos sus ingredientes a calentar. Cuando hierva, retírela del fuego, deje que se enfríe y luego viértala sobre la carne, que habrá puesto en una fuente de barro algo honda. Déle la vuelta de vez en cuando y deje que macere durante 12 horas. Pasado este tiempo, saque la carne y úntela con la manteca de cerdo por todos sus lados.

2 Cubra el fondo de una fuente de horno bastante honda con el caldo y coloque encima la pieza de carne. Introdúzcala en el horno caliente durante 1 hora, aproximadamente, regándola con frecuencia con el caldo.

3 Cuando falten 15 minutos para terminar el asado, unte la carne con la nata espesa y reserve un poco para la salsa. Retírela del horno y consérvela al calor.

4 Prepare la salsa poniendo en una cacerola el líquido que haya quedado en la fuente de asar y caliéntelo hasta que hierva. Añada entonces un poco de líquido de marinar, en el que habrá disuelto antes la maicena. Agregue la jalea de grosella y la cáscara de naranja muy picada. Al final, añada el resto de la nata, teniendo cuidado de que a partir de entonces no hierva la salsa. Remueva bien y guárdela al calor.

5 Sirva el asado cortado en gruesas rodajas y acompáñelo con la salsa en salsera aparte. Este plato suele acompañarse con peras cocidas en almíbar.

Inés y Simone le aconsejan:

Para evitar que la carne de ciervo quede seca, puede mecharla y bridarla. En cuanto al punto de cocción, sabrá que la carne está lista cuando presente un aspecto rosado y jugoso, pero sin sangre.

Cordero con costra de patatas

Tiempo de preparación: 50 minutos
Para 6 personas

1 paletilla de cordero deshuesada (de 1 kg)
1,2 kg de patatas
3 cucharadas de aceite
Tomillo y romero
Sal

1 Encienda el horno 10 minutos antes, a una temperatura de 210°C.

2 Pele las patatas, lávelas bien para suprimir el almidón y rállelas finas. En una sartén grande, ponga la mitad del aceite a calentar y rehogue la mitad de las patatas hasta que estén doradas, colóquelas sobre un trozo de papel de aluminio.

3 Repita la misma operación con la otra mitad de las patatas.

4 Sale la paletilla y espolvoréela con las hierbas. Unte con un poco de aceite una fuente de horno (mejor que sea de barro), disponga una capa de patatas con la capa más dorada hacia abajo y coloque la paletilla sobre esta capa.

5 Pegue la segunda capa de patatas sobre la paletilla y encierre bien ésta entre las dos capas de patatas ralladas. Si es necesario, utilice los dedos para dar forma a una especie de paquete y procure que quede bien cerrado.

6 Introdúzcalo en el horno durante 25 minutos.

7 Pasado este tiempo, apague el horno, deje la puerta entreabierta y permita que repose unos 10 minutos, antes de cortarla en lonchas para servir.

Inés y Simone le aconsejan:

Es importante que las patatas queden de un color dorado claro por la parte superior y más blandas por la parte que está en contacto con la carne, ya que si se hacen demasiado, podrían quedar demasiado duras. Para aligerar este plato, es conveniente acompañarlo con una ensalada.

Jabalí braseado

Tiempo de preparación: 3 horas y 30 minutos
Para 8 personas

- 1 pierna de jabalí de unos 3 kg
- Manteca de cerdo
- 3 cucharadas de harina
- 10 cl de buen coñac
- 4 chalotes
- Agua
- Pimienta
- Sal

Para la maceración

- 1/2 l de buen vinagre
- 1/2 l de buen vino tinto
- 3 ramitas de tomillo
- 4 ramitas de perejil
- 3 hojas de laurel
- 1 cebolla grande (200 g)
- 3 dientes de ajo
- 4 chalotes
- 2 zanahorias (200 g)

1 Mezcle todos los ingredientes para la maceración e introduzca en ella la carne durante 48 horas, dándole de vez en cuando la vuelta. Al ir a hacerla, escurra bien la maceración, cuélela por el chino y resérvela.

2 En una cacerola ponga abundante manteca a derretir y, cuando esté humeante, dore la carne por todos sus lados, retírela y resérvela.

3 En esta misma grasa rehogue los chalotes pelados y enteros; déle unas vueltas y vuelva a poner la carne en la cacerola.

4 Espolvoree con harina, rocíe con la maceración y añada el coñac; cubra con agua hasta las 3/4 partes de la altura de la carne. Salpimiente abundantemente.

5 Cuando rompa a hervir, tape la cacerola y deje cocer lentamente de 3 a 4 horas. Deje reposar la carne en la cacerola 30 minutos.

6 Vuelva a calentarla, trínchela y sirva con la salsa colada aparte. Puede acompañarla con puré de patatas o patatas rehogadas.

Inés y Simone le aconsejan:

Para preparar la carne de jabalí al horno es preciso que se trate de un animal joven, que en ningún caso supere los dos años de edad. De otro modo, será mejor estofarlo o guisarlo, o bien marinarlo y elaborar con él terrinas.

Paletilla de cordero con berenjenas

Tiempo de preparación: 50 minutos
Para 6 personas

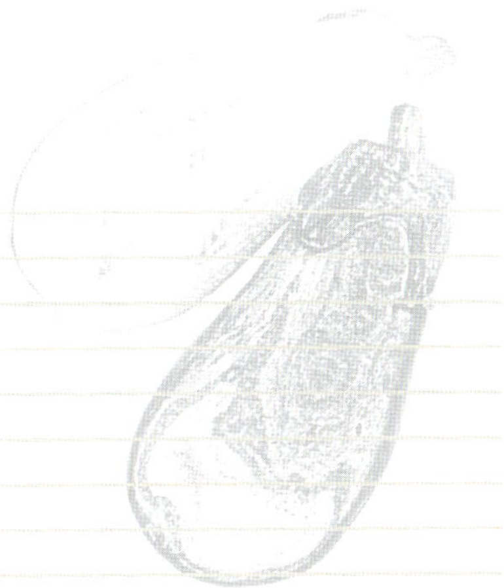

1 paletilla de 1,5 kg
500 g de berenjenas
1 cebolla (150 g)
1 cabeza de ajos
1 hoja de laurel
10 cl de vinagre
10 cl de aceite
1 cucharadita de pimentón
Sal
Pimienta

1 Pele las berenjenas y córtelas en dados más bien gruesos. Pele la cebolla y pártala en dos trozos. En una fuente de horno ponga 2 cucharadas de agua en el fondo y coloque encima la carne untada con aceite con la punta de los dedos.

2 Salpimiente e introdúzcala en el horno, dejando que se haga y regándola varias veces con su jugo.

3 Déle la vuelta a la mitad de la cocción y añada la cebolla y los dados de berenjena, rociándolos con un poco de la salsa.

4 Mientras se hace, caliente la fuente donde vaya a servirla. Saque la carne cuando esté dorada y córtela en trozos. Adorne con las berenjenas.

5 Ponga la salsa en un recipiente sobre el fuego, añada el resto del agua caliente y rasque un poco el fondo con un tenedor. Remueva bien para que se mezcle todo. Sírvala en salsera aparte.

Inés y Simone le aconsejan:

Para saber si el asado está hecho, observe el líquido que sale al pinchar la carne: si es rojizo, está cruda; si es rosado, poco hecha; si es blanquecino, medio hecha; y si apenas suelta jugo, está muy hecha.

Pierna de corzo con salsa de grosellas

Tiempo de preparación: 2 horas y 10 minutos, más 4 horas de maceración
Para 8 ó 10 personas

1 pierna de corzo de 2,5 kg
5 cucharadas de aceite
1 cucharadita de hierbas aromáticas
Nuez moscada (una pizca)
10 cl de agua caliente
Sal y pimienta

Para la salsa

40 cl de vino tinto o blanco
5 cl de buen vinagre
1 zanahoria grande (125 g)
1 cebolla mediana (125 g)
3 chalotes
1 diente de ajo
3 clavos de especia
6 granos de pimienta
1 hoja de laurel
2 cucharadas de aceite
1 cucharada de harina rasa
5 ó 6 cucharadas de jalea de grosella
Sal

1 Mezcle el aceite con hierbas aromáticas, la pimienta y la nuez moscada. Unte bien con la mezcla la pierna de corzo y, colocada en una fuente, déjela en un sitio fresco durante 3 ó 4 horas. Cuando vaya a asarla, encienda el horno 10 minutos antes.

2 Lleve la fuente con la pierna al horno y ásela durante 75 minutos. Pasado ese tiempo, sálela y vaya vertiendo el agua poco a poco. Deje asar otros 45 minutos más, pero sin rociar la carne, a fin de que se forme una costra muy dorada.

3 Mientras, prepare la salsa de grosella: en una sartén honda, caliente el aceite y, cuando esté en su punto, dore la cebolla, los chalotes y el ajo, todo muy picado, durante unos 8 minutos. Caliente el vino en un cazo para que se reduzca a la mitad.

4 Cuando la cebolla esté dorada, añada la zanahoria en rodajas finas, el laurel, la pimienta y los clavos. Remueva, espolvoree con la harina y vierta, poco a poco, el vino y el vinagre. Déjelo cocer unos 3 minutos y cuele la salsa por el chino, apretando bien.

5 Sale a su gusto y, un poco antes de servir, agregue la jalea de grosella. Caliente bien y reserve. Saque la pierna de corzo del horno, trínchela igual que la de cordero y sírvala en una fuente, con la salsa en salsera aparte.

Inés y Simone le aconsejan:

A la carne de corzo le van bien las especias. Si no dispone de hierbas aromáticas ya preparadas, puede machacar laurel y tomillo y unirlo al aceite para untar bien la pierna.

Roastbeef

Tiempo de preparación: 30 minutos
Para 10 personas

2 kg de lomo alto
Manteca de cerdo
Sal

1 Encienda el horno a temperatura elevada unos 10 minutos antes de introducir la carne. Ate ésta con una cuerda fina, para darle una forma bonita y, con la ayuda de la punta de un cuchillo, úntela con manteca por todos los lados.

2 Ponga el trozo de carne así preparado en una besuguera o fuente que soporte el calor y dore el asado sobre el fuego durante un máximo de 5 minutos, dándole la vuelta para que se dore bien de manera uniforme.

3 Introduzca la carne en el horno, previamente calentado, a una temperatura de 250°C y, al cabo de unos 15 minutos, disminuya la temperatura a media-fuerte. Cueza a este calor durante unos 25 ó 30 minutos.

4 Durante la cocción rocíe varias veces el asado con su jugo y déle la vuelta con ayuda de dos cucharas, para no pincharlo. La dificultad de esta receta se encuentra en conseguir el punto exacto de asado. Para ello, controle la cocción: este tipo de carne debe quedar bien dorada por fuera, pero jugosa y rosa por dentro.

5 Cuando falten 10 minutos para terminar de hacerse, sale la carne por todos los lados. Apague el horno cuando esté hecho —bien crujiente por fuera y jugoso por dentro—, ábralo y, pasados un par de minutos, vuélvalo a cerrar, si desea consumir la carne caliente.

6 Sáquelo y trínchelo cuando el asado haya reposado. Puede servirlo caliente o frío, incluso de un día para otro.

Inés y Simone le aconsejan:

Para acompañar el asado nada mejor que un buen puré de patatas, que podrá enriquecer con el jugo del propio roastbeef. Cuando el asado esté listo, vierta en los jugos del fondo un poco de agua y de jerez y caliente hasta reducir la salsa, que luego colará y ligará con un poco de maicena.

Ternera rellena

Tiempo de preparación: 1 hora y 30 minutos
Para 6 personas

1 kg de aleta de ternera
2 huevos
1 kg de espinacas
4 cucharadas de aceite
3 cucharadas de manteca de cerdo
5 cl de vino blanco
5 cl de agua caliente
50 g de aceitunas
Sal

1 En la carnicería, pida que le abran la aleta de ternera, le quiten las puntas y la piquen. En casa, retire los tallos y lave muy bien las hojas de las espinacas. Póngalas en un cazo, no muy escurridas, con sal. Tape y deje que se cuezan en su misma agua unos 10 minutos. Escúrralas apretándolas bien, píquelas y resérvelas.

2 Ponga la parte abierta de la aleta contra la mesa. Sálela ligeramente y extienda sobre ella la carne picada.

3 Bata los huevos por separado. En una sartén pequeña, caliente la mitad del aceite y haga una tortilla plana (como si fuese una crêpe) con uno de los huevos. Con la otra mitad del aceite y el huevo restante, haga otra tortilla.

4 Colóquelas sobre la carne picada, una junto a la otra. Sobre ellas ponga las aceitunas y las espinacas en una tira ancha (como de tres dedos). Enrolle con cuidado la aleta, para que no se mueva de sitio, y átela con una cuerda fina.

5 En una fuente alargada que pueda ir al fuego, caliente la manteca y dore la aleta por todos los lados, sálela muy ligeramente por fuera y llévela al horno a temperatura media, previamente calentando 10 minutos.

6 Ásela 30 minutos y rocíela luego con el vino; ásela otros 30 minutos y rocíela con el agua caliente. Déjela en total 90 minutos, rociándola de vez en cuando con su salsa.

7 Apague el horno y deje reposar 10 minutos antes de trincharla. La ternera se puede comer caliente o fría. Acompáñela con unas verduritas rehogadas.

Índice de recetas